MAILER

Aufgaben und Haftung der Bauhofleitung

Aufgaben und Haftung der Bauhofleitung

von
Thomas Mailer
Rechtsanwalt

2., überarbeitete Auflage 2014

Bibliografische Information der Deutschen Nationalbibliothek | Die Deutsche Nationalbibliothek verzeichnet diese Publikation in der Deutschen Nationalbibliografie; detaillierte bibliografische Daten sind im Internet über www.dnb.de abrufbar.

2. überarbeitete Auflage, 2014
ISBN 978-3-415-05220-8

Satz: Thomas Schäfer, www.schaefer-buchsatz.de | Druck und Bindung: Laupp & Göbel GmbH, Talstr. 14, 72147 Nehren

Richard Boorberg Verlag GmbH & Co KG | Scharrstraße 2 | 70563 Stuttgart
Stuttgart | München | Hannover | Berlin | Weimar | Dresden
www.boorberg.de

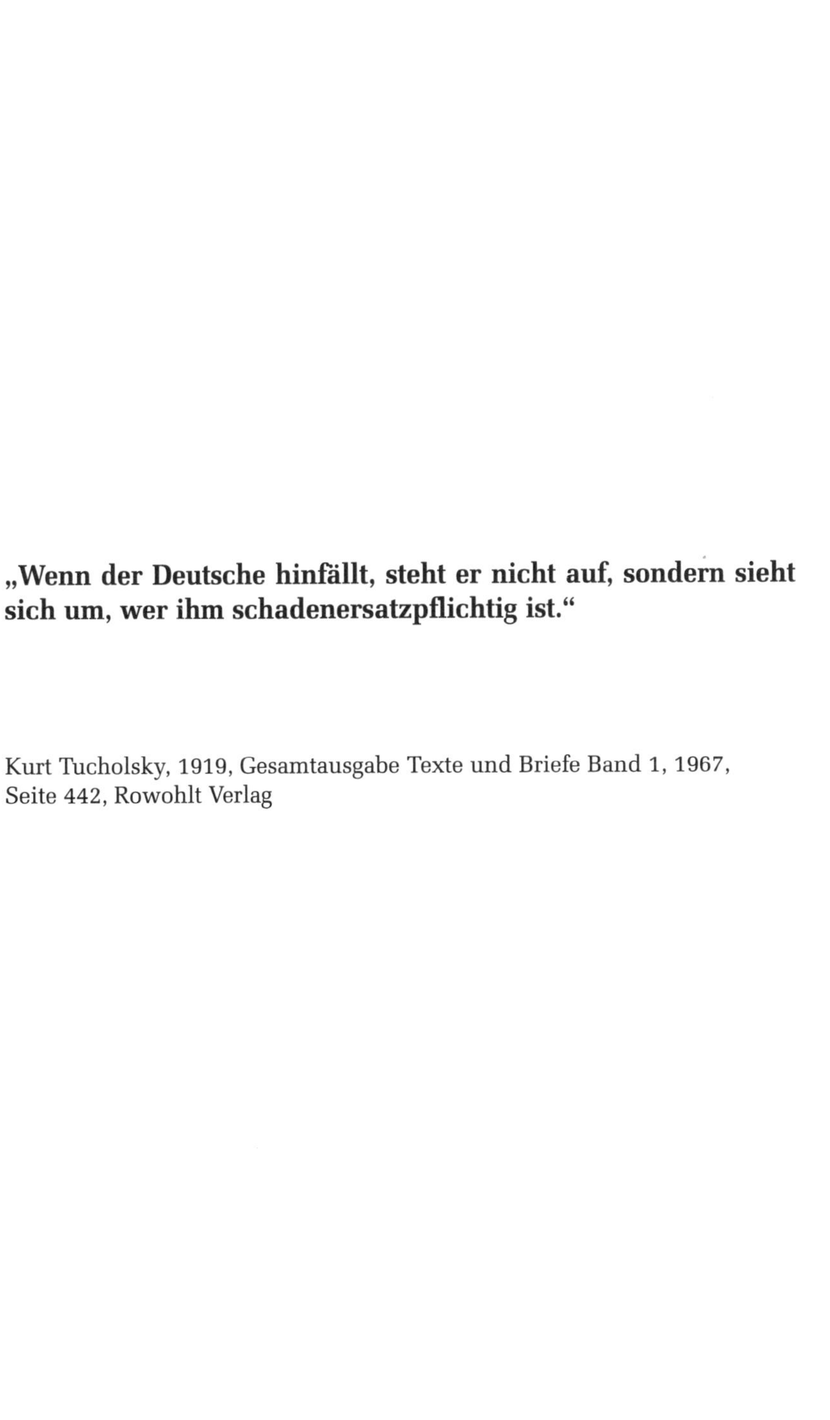

„Wenn der Deutsche hinfällt, steht er nicht auf, sondern sieht sich um, wer ihm schadenersatzpflichtig ist.“

Kurt Tucholsky, 1919, Gesamtausgabe Texte und Briefe Band 1, 1967, Seite 442, Rowohlt Verlag

Vorwort

Den Bauhöfen der Gemeinden und Landkreise ist ein weites Tätigkeitsfeld mit einem großen Haftungspotenzial zugewiesen; zu denken ist dabei beispielsweise an die Erfüllung des Winterdienstes.

Die Tätigkeit der Bauhofleitung steht im Spannungsfeld zwischen zivilrechtlicher Haftung und strafrechtlicher Verantwortung. Während die zivilrechtliche Haftung aus der Pflicht der Bauhofleitung resultiert, im Rahmen der Verkehrssicherungspflicht Gefahren von Dritten abzuwenden, ergibt sich ihre strafrechtliche Verantwortung aus der Tatsache, dass bei Nichterfüllung der Verkehrssicherungspflicht ein Straftatbestand verwirklicht werden kann, z. B. als fahrlässige Körperverletzung. Aufgabe dieses Buches ist es, der Bauhofleitung und ihren Mitarbeitern die Gefahren aufzuzeigen, die mit dem Handeln oder Unterlassen verwirklicht werden können. Es wendet sich an den Praktiker, wobei die bayerischen Gesetze und Verordnungen berücksichtigt werden. Nachdem in den anderen Bundesländern die Rechtslage ähnlich ist, kann das Buch auch dort zu Rate gezogen werden.

Kempten, im Oktober 2008 — Thomas Mailer

Vorwort zur 2. Auflage

Das Buch soll als Leitfaden dem Praktiker dienen, der ohne großen Aufwand die wesentlichen Aufgaben und Pflichten erfassen will, die die Bauhofleitung zu erfüllen hat. In kurz gefassten und allgemein verständlichen Hinweisen kann das Buch für die tägliche Arbeit genutzt werden. Denn die übersichtliche Zusammenfassung der Aufgaben und Pflichten erlaubt eine rasche Orientierung.

Kempten, im Januar 2014 — Thomas Mailer

Inhaltsverzeichnis

I.
Einführung

1. Verkehrssicherungspflicht

Die Verkehrssicherungspflicht (oft auch Verkehrspflicht) ist die allgemeine Rechtspflicht, Dritte vor Gefahren zu schützen, die man selber geschaffen hat oder andauern lässt. Derjenige, der also eine Gefahrenlage für Dritte schafft oder andauern lässt, hat Rücksicht auf diese Gefährdung zu nehmen und deshalb die allgemeine Rechtspflicht, diejenigen Vorkehrungen zu treffen, die erforderlich und ihm zumutbar sind, um die Schädigung Dritter möglichst zu verhindern.[1] Dabei wird die Gefahrenlage erst dann haftungsbegründend, sobald sich aus der zu verantwortenden Situation vorausschauend für einen sachkundig Urteilenden die nahe liegende Gefahr ergibt, dass Rechtsgüter Dritter verletzt werden können.[2] Daraus ergibt sich umgekehrt, dass anderenfalls der Verletzte selbst seine Schädigung zu vertreten hat. Denn es ist weder geboten noch verboten, sich selbst vor Selbstgefährdung zu schützen.

Dabei muss berücksichtigt werden, dass es nicht möglich ist, eine Verkehrssicherung zu praktizieren, die jede Gefährdung ausschließt. Der Pflichtige muss deshalb nicht für alle denkbaren, auch entfernten Möglichkeiten eines Schadenseintritts Vorsorge treffen. Vielmehr reichen diejenigen Vorkehrungen aus, die nach den konkreten Umständen zur Beseitigung der Gefahr erforderlich und zumutbar sind. Erforderlich sind die Maßnahmen, die ein umsichtiger und verständiger, in vernünftigen Grenzen vorsichtiger Angehöriger des betreffenden Verkehrskreises für notwendig und ausreichend halten darf, um andere Personen vor Schäden zu bewahren,[3] d.h. die nach den Sicherheitserwartungen des jeweiligen Verkehrs geeignet sind, solche Gefahren von Dritten tunlichst abzuwenden, die bei bestimmungsgemäßer oder bei nicht ganz fernliegender bestimmungswidriger Benutzung drohen.[4]

Eine ausdrückliche gesetzliche Regelung zur Verkehrssicherung besteht hierfür nicht, es handelt sich um aus § 823 Absatz 1 BGB (unerlaubte Handlung) entwickeltes Richterrecht.

Es gibt aber auch durch Vertrag (§ 280 BGB) übernommene oder durch Gesetz auferlegte (§ 823 Absatz 2 BGB) Schutzpflichten, die sich mit der Verkehrssicherungspflicht decken können.

---

1 BGH, NJW 2007, 762 und 1684; VersR 2006, 803.

2 BGH, NJW 2004, 1449.

3 BGH, NJW 2006, 2326; VersR 2006, 665.

4 Palandt-Sprau, BGB, 67. Auflage, § 823 RdNr. 51.

Nicht zu übersehen ist in diesem Zusammenhang die Haftung aus Amtspflichtverletzung (§ 839 BGB i. V. m. Artikel 34 GG). Denn viele Verkehrssicherungspflichten, z. B. der Winterdienst, sind hoheitlich geregelt (Artikel 72 BayStrWG). Dann findet eine Haftungsverlagerung von der verantwortlichen Bauhofleitung auf die öffentlich-rechtliche Körperschaft (Gemeinde, Landkreis) statt. Wird also eine öffentlich-rechtlich geregelte Verkehrssicherungspflicht verletzt, haftet nur noch die Anstellungskörperschaft alleine. Dieses Haftungsprivileg schützt die Bauhofleitung grundsätzlich vor der eigenen Haftung für ihr Tun oder Unterlassen. Nachdem viele Verkehrssicherungspflichten öffentlich-rechtlich geregelt sind, stellt dies für die Bauhofleitung und ihre Mitarbeiter eine bedeutsame Haftungsentlastung dar. Diese Haftungsentlastung ist wie folgt aufgebaut:

Zunächst muss geprüft werden, ob die Bauhofleitung oder ihre Mitarbeiter nach § 839 Absatz 1 BGB haften. Diese Vorschrift hat folgenden Wortlaut:

„§ 839 Haftung bei Amtspflichtverletzung
(1) Verletzt ein Beamter vorsätzlich oder fahrlässig die ihm einem Dritten gegenüber obliegende Amtspflicht, so hat er dem Dritten den daraus entstehenden Schaden zu ersetzen. Fällt dem Beamten nur Fahrlässigkeit zur Last, so kann er nur dann in Anspruch genommen werden, wenn der Verletzte nicht auf andere Weise Ersatz zu erlangen vermag."

Wenn feststeht, dass aufgrund dieser Norm die Bauhofleitung haftet (haftungsbegründende Norm), gilt die haftungsverlagernde Vorschrift des Artikels 34 GG.

Artikel 34 GG:
„Verletzt jemand in Ausübung eines ihm anvertrauten öffentlichen Amtes die ihm einem Dritten gegenüber obliegende Amtspflicht, so trifft die Verantwortlichkeit grundsätzlich den Staat oder die Körperschaft, in deren Dienst er steht. Bei Vorsatz oder grober Fahrlässigkeit bleibt der Rückgriff vorbehalten. Für den Anspruch auf Schadensersatz und für den Rückgriff darf der ordentliche Rechtsweg nicht ausgeschlossen werden."

Daraus ergibt sich also der Grundsatz, dass die Körperschaft (Gemeinde, Landkreis) anstelle des Beamten haftet; der Beamte haftet dann persönlich grundsätzlich nicht mehr. Oder anders ausgedrückt: Die Körperschaft haftet nur, aber immer auch dann, wenn der Beamte ohne die Haftungsverlagerung nach § 839 BGB haftete.

Nun ist nicht jeder in der Bauhofleitung Tätige Beamter, ebenso wenig die Mitarbeiter. Es ist anerkannte Rechtsprechung, dass in diesem haftungsrechtlichen Sinne jeder als Beamter angesehen wird, dem ein öffentliches Amt im funktionellen Sinne anvertraut wurde. Es kommt also nicht auf das persönliche Rechtsverhältnis des schädigenden Amtsträgers zur öffentlich-rechtlichen Körperschaft an, sondern auf die nach außen wahrgenommene Funktion. Ein beamtenrechtliches Dienst- oder Amtsverhältnis kann also bestehen, muss es aber nicht. Somit können auch Zivilpersonen Beamte im haftungsrechtlichen Sinne sein, wenn sie nur öffentliche Gewalt ausüben. Dies können Angestellte, Arbeiter, Beliehene, Verwaltungshelfer, selbstständige Werk- und Dienstunternehmer etc. sein.

Damit gelten auch die Bauhofleitung und ihre Mitarbeiter als Beamte im Sinne des § 839 Absatz 1 BGB, soweit ihnen von der zuständigen Stelle die Ausübung eines öffentlichen Amtes anvertraut ist.

Die Bauhofleitung und ihre Mitarbeiter üben in aller Regel ein öffentliches Amt aus, weil die Zielsetzung ihrer Tätigkeit häufig hoheitlich ist und zwischen der Zielsetzung und der schädigenden Handlung oft ein enger Zusammenhang besteht.

Im Ergebnis kann festgehalten werden, dass die Bauhofleitung und ihre Mitarbeiter grundsätzlich das Haftungsprivileg genießen und für ihr schädigendes Handeln oder Unterlassen die Anstellungskörperschaft einstehen muss. Dabei ist nach außen, also für den Anspruch stellenden Geschädigten, unbeachtlich, ob die Bauhofleitung und deren Mitarbeiter fahrlässig, grob fahrlässig oder gar vorsätzlich gehandelt haben. Die Anstellungskörperschaft muss in jedem Falle für den Schaden des Geschädigten aufkommen, kann aber bei grob fahrlässigem oder vorsätzlichem Handeln des Schädigers bei diesem Rückgriff geltend machen (Artikel 34 Satz 2 GG).

Davon zu unterscheiden ist die Tätigkeit der Bauhofleitung auf privatrechtlichem (fiskalischem) Gebiet, also z. B. beim Abschluss eines Kauf-, Dienst-, Werk- oder Mietvertrages für die Körperschaft. Solange und soweit die Bauhofleitung hierzu bevollmächtigt ist, handelt sie nicht für sich selbst, sondern als verfassungsmäßige Vertreterin der Körperschaft, die durch sie verpflichtet wird. Schafft die Gemeinde z. B. ein Räum- und Streufahrzeug an, wobei die Bauhofleitung die Kaufverhandlungen führt und den Kaufvertrag abschließt, so tut sie dies für die Gemeinde und nicht für sich selbst. Die Gemeinde muss das Fahrzeug abnehmen und bezahlen.

Problematisch für die Bauhofleitung wird es, wenn sie als vollmachtlose Vertreterin für die Gemeinde handelt oder ihre Vollmacht überschreitet oder missbraucht. Dann nämlich entsteht eine persönliche Haftung.

Grundsätzlich ist zu vermuten, dass die Bauhofleitung nach außen entweder eine hoheitliche Tätigkeit ausübt oder bei privatrechtlichem Handeln – hierzu befugt ist (Anscheins- oder Duldungsvollmacht). Handelt sie in Ausübung öffentlicher Gewalt, dann gilt die Amtshaftung, also kann sie vom geschädigten Dritten nicht unmittelbar in Anspruch genommen werden.

Hat die Bauhofleitung innerhalb des privatrechtlichen (fiskalischen) Geschäftskreises der Körperschaft eine unerlaubte Handlung begangen, so haftet wiederum die Körperschaft (§§ 89, 30, 31, 831 BGB). Der Geschädigte kann in einem solchen Fall jedoch neben der Körperschaft auch die Bauhofleitung oder nur sie allein in Anspruch nehmen. Gegenüber der Bauhofleitung kann der Dritte seinen Anspruch jedoch nur in den Grenzen des § 839 BGB durchsetzen, das heißt die Bauhofleitung muss vorsätzlich oder grob fahrlässig gehandelt haben. Bei leichter Fahrlässigkeit kann die Bauhofleitung nur in Anspruch genommen werden, wenn der Geschädigte nicht anderweitig Ersatz seines Schadens zu erlangen vermag.

Verpflichtet zur Erfüllung der Verkehrssicherungspflicht ist die öffentlich-rechtliche Körperschaft, die sich der Bauhofleitung und ihrer Mitarbeiter bedient und diese hierzu beauftragt. Die Körperschaft hat auch zu überwachen, dass die Verkehrssicherungspflicht erfüllt wird.

Allen Haftungstatbeständen gemeinsam ist, seien sie vertraglich, gesetzlich oder richterrechtlich, dass für sie das Verschuldensprinzip gilt. Die Verletzung der Verkehrssicherungspflicht muss also vom Pflichtigen schuldhaft begangen oder unterlassen worden sein. Die Schuld setzt neben der Zurechnungsfähigkeit Vorsatz oder Fahrlässigkeit voraus. Vorsatz ist das Wissen und Wollen des pflichtwidrigen Erfolgs,[5] während fahrlässig handelt, wer die im Verkehr erforderliche Sorgfalt außer Acht lässt (Legaldefinition des § 276 Absatz 2 BGB).

In aller Regel ist davon auszugehen, dass in der Praxis dem Pflichtigen lediglich eine fahrlässige Begehung einer Verletzung der Verkehrssicherungspflicht vorgeworfen werden kann.

5 BGH, NJW 1965, 962.

2. Strafrechtliche Verantwortung

Die Tätigkeit der Bauhofleitung dient im Wesentlichen dem Wohle der Allgemeinheit, wo jedoch häufig die irrige Meinung vorherrscht, einen Anspruch darauf zu haben, dass ihre Bedürfnisse prompt erfüllt werden. Sehen sich die Bürger in diesem Anspruch beschränkt und erleiden einen Schaden, so versuchen sie häufig, die Verantwortung der Bauhofleitung zuzuschieben und erstatten gegen diese Strafanzeige in der Absicht, so eher zum Ersatz ihres Schadens zu kommen. Viele Bürger wollen nicht mehr erkennen, dass die Ursache des Schadenseintrittes bei ihnen selbst zu suchen ist, weil sie versagt haben.

Während im Zivilrecht – wie vorstehend dargestellt – bei einem Schadensfall die Anstellungskörperschaft (Gemeinde, Landkreis) alleine nach Außen haftet, ist im Strafrecht immer nur der **Täter** verantwortlich. Denn die Anstellungskörperschaft ist eine juristische Person des öffentlichen Rechts, die nicht bestraft werden kann. Strafbar sind nur natürliche Personen und nur wer die Straftat begeht, kann als Täter betraft werden (§ 25 Absatz 1 StGB). Voraussetzung für die Strafbarkeit ist, dass der Bauhofleitung als Täter ein persönliches, pflichtwidriges und für den Eintritt des Erfolges (z. B. fahrlässige Körperverletzung) ursächliches Verhalten (Tun oder Unterlassen) zum Vorwurf gemacht werden kann.

Die Strafbarkeit der Bauhofleitung (oder eines ihrer Mitarbeiter) bedingt also zunächst ein pflichtwidriges Verhalten, in dem diese gegen das Gesetz, genauer gesagt gegen einen Straftatbestand vorwerfbar verstößt. Denn bestraft werden kann nur der, dessen Tat unter Strafe durch das Gesetz vorher gestellt worden ist (§ 1 StGB). Erleidet z. B. jemand eine Körperverletzung (Beinbruch) weil ein Fußweg nicht oder nicht ausreichend im Winter geräumt und gestreut war, so stellt dies eine Rechtsgutverletzung beim Verletzten dar, für die eine Strafdrohung vorhanden ist. In einem solchen Fall kann es gegen die Bauhofleitung zu einem strafrechtlichen Ermittlungsverfahren mit gegebenenfalls anschließendem Strafverfahren kommen.

Als für die Bauhofleitung wesentliche Strafdrohungen kommen die Straftatbestände der fahrlässigen Körperverletzung und der fahrlässigen Tötung in Betracht; natürlich kann sie auch noch andere Straftaten bei ihrer Dienstausübung begehen, auf die hier nicht weiter eingegangen werden muss, weil sie nicht typisch sind.

§ 222 StGB lautet:
„Wer durch Fahrlässigkeit den Tod eines Menschen verursacht, wird mit Freiheitsstrafe bis zu fünf Jahren oder mit Geldstrafe bestraft.",

und in § 229 StGB ist bestimmt:

„Wer durch Fahrlässigkeit die Körperverletzung einer anderen Person verursacht, wird mit Freiheitsstrafe bis zu drei Jahren oder mit Geldstrafe bestraft."

Anders als im Zivilrecht wird im Strafrecht unter Fahrlässigkeit verstanden, „wenn der Täter einen Tatbestand verwirklicht, indem er **objektiv** gegen eine **Sorgfaltspflicht** verstößt, die gerade dem Schutz des beeinträchtigten Rechtsguts dient, und wenn dieser Pflichtverstoß unmittelbar oder mittelbar eine Rechtsgutverletzung oder -gefährdung zur Folge hat, die der Täter nach seinen **subjektiven** Kenntnissen und Fähigkeiten **vorhersehen und vermeiden konnte.**[6] Bei der fahrlässigen Begehensweise einer Straftat will der Täter also gerade nicht den Erfolgseintritt (wie beim Vorsatz) der Tötung oder Körperverletzung, er ist mit der Tatbestandsverwirklichung der Tötung oder Körperverletzung nicht einverstanden und vertraut darauf, dass der Erfolg nicht eintritt, oder er sieht den Erfolg überhaupt nicht voraus. Ist aber eine fahrlässige Tötung oder fahrlässige Körperverletzung verwirklicht worden, wird ein **Ermittlungsverfahren** eingeleitet. Denn sobald die Staatsanwaltschaft durch eine Anzeige oder auf anderem Wege von dem Verdacht einer Straftat Kenntnis erhält, hat sie den Sachverhalt zu erforschen (§ 160 StPO). Es handelt sich somit um eine gesetzlich normierte Pflicht und damit nicht um eine Vorverurteilung des Betroffenen. Erst nach der Erforschung des gesamten Sachverhaltes entscheidet die Staatsanwaltschaft, ob das Verfahren eingestellt oder bei Vorliegen eines hinreichenden Tatverdachts öffentliche Klage erhoben wird.

Das Ermittlungsverfahren kommt unter anderem in Gang, wenn bei der Staatsanwaltschaft oder der Polizei oder dem Amtsgericht eine Strafanzeige angebracht wird (§ 158 StPO). Dies wird in aller Regel der Verletzte oder einer seiner Angehörigen tun. Diese haben meistens aber gar kein Interesse an der Bestrafung des Täters, sondern meinen, sich durch das Ermittlungsverfahren einen Vorteil zu sichern, um eher ihren Anspruch auf Schadensersatz durchsetzen zu können. Dieser Schadensersatzanspruch muss aber im Zivilrechtsweg verfolgt werden, was weithin unbekannt ist. Nachdem aber auch der Staatsanwaltschaft dieser Umstand bekannt ist, wird das Ermittlungsverfahren in vielen Fällen, soweit dies gesetzlich zulässig ist, eingestellt werden. Denn das Strafverfahren dient nicht vorrangig der Durchsetzung einer zivilrechtlichen Schadensersatzforderung.

Allerdings darf nicht übersehen werden, dass häufig Strafanzeigen nur zur Vorbereitung eines zivilrechtlichen Schadensersatzverfahrens gestellt werden. Denn im Zivilverfahren gilt der Beibringungsgrundsatz. Der beweisbelastete Kläger ist verpflichtet, das was er vorbringt auch zu beweisen, was ihm unter Umständen schwer fällt. Wurde aber ein strafrechtliches Ermittlungsverfahren durchgeführt, so kann der Kläger, der z. B. eine Körperverletzung erlitten hat, den Inhalt der Ermittlungsakte zur Beibringung

6 Vgl. Fischer, StGB, 2008, § 15 RdNr. 12 a.

eines solchen Beweisstückes dürfte es der Bauhofleitung in einem Ermittlungsverfahren gelingen, sich strafrechtlich nicht verantworten zu müssen. Es kann ihr unter Umständen keine schuldhafte Pflichtverletzung mehr vorgeworfen werden.

3. Leistungsfähigkeit der Kommune

Die Gerichte wissen um das „Spannungsfeld“ zwischen Rechtsgüterschutz, Eigenverantwortung und Leistungsfähigkeit der öffentlichen Hand.[8] Hierzu führte das OLG Koblenz[9] zur Straßenverkehrssicherungspflicht aus, was natürlich ganz allgemein für die Verkehrssicherungspflicht gilt: „Die Straßenverkehrssicherungspflicht ist eingebettet in das Korrektiv der tatsächlichen und wirtschaftlichen Zumutbarkeit für den Pflichtigen sowie in dem Grundsatz, dass auf den Verkehrssicherungspflichtigen nicht das allgemeine Lebensrisiko abgewälzt werden darf. Insoweit gilt, dass die Eigenverantwortlichkeit des Einzelnen für sich selbst wieder stärkerer Betonung bedarf.“

8 So Peter Schmid in BADK-Information 1999, 42.

9 OLG Koblenz, Urteil vom 04. 10. 2000 – 1 U 437/99.

II. Schwerpunktthema: Winterdienst

In vielen Landesgesetzen ist die Ausübung des Winterdienstes zur hoheitlichen Aufgabe gemacht worden (z. B. Art. 72 des Bayerischen Straßen- und Wegegesetzes) mit der Folge, dass bei Verletzung der Verkehrssicherungspflicht im Winterdienst der Geschädigte einen zivilrechtlichen Anspruch aus Amtshaftung gegen die Körperschaft (Gemeinde, Landkreis) geltend machen kann (§ 839 BGB i. V. m. Artikel 34 GG), nicht aber gegen die Bauhofleitung und deren Mitarbeiter (siehe auch Verkehrssicherungspflicht).

Dann ergibt sich der inhaltliche Umfang auch aus den Landesgesetzen, in denen üblicherweise vorgeschrieben ist, dass die Gemeinden innerhalb geschlossener Ortslage nach ihrer Leistungsfähigkeit die öffentlichen Straßen von Schnee zu räumen und alle gefährlichen Fahrbahnstellen, die Fußgängerüberwege und die Gehbahnen zu streuen haben, wenn dies dringend erforderlich ist und nicht andere aufgrund sonstiger Rechtsvorschriften, insbesondere der allgemeinen Verkehrssicherungspflicht, hierzu verpflichtet sind (z. B. Art. 51 des Bayerischen Straßen- und Wegegesetzes).

Eine **geschlossene Ortslage** ist der Teil des Gemeindegebiets, der in geschlossener oder offener Bauweise zusammenhängend bebaut ist. Einzelne unbebaute Grundstücke, zur Bebauung ungeeignetes oder ihr entzogenes Gelände oder einseitige Bebauung unterbrechen den Zusammenhang nicht (z. B. Artikel 4 BayStrWG).

Die Gesamtheit der zu einer Gemeinde gehörenden Grundstücke bildet das **Gemeindegebiet** (z. B. Artikel 10 Absatz 1 Satz 2 Bayerische Gemeindeordnung), dass heißt das Gemeindegebiet beginnt oder endet nicht an der Ortstafel (Zeichen 310 und 311 des § 42 Absatz 3 StVO), sondern an der Gemeindegrenze der einen Gemeinde zur anderen Gemeinde.

Ebenso verhält es sich bei den Landkreisen. Die Gesamtfläche der dem Landkreis zugeteilten Gemeinden und gemeindefreien Gebiete bildet das **Kreisgebiet** (z. B. Artikel 7 der Bayerischen Landkreisordnung), welches an der Kreisgebietsgrenze des benachbarten Landkreises endet.

Eine geschlossene Ortslage gibt es daher nur innerhalb eines Gemeindegebiets. Andererseits können innerhalb eines Gemeindegebiets auch Flächen vorhanden sein, die außerhalb geschlossener Ortslage liegen. Dies ist immer dann der Fall, wenn eine Gemeinde aus mehreren räumlich voneinander getrennten Ortsteilen (Gemeindeteilen) besteht. Dann gilt für die einzelnen Ortsteile (Gemeindeteile) die Räum- und Streupflicht, wie sie innerhalb geschlossener Ortslage zu erfüllen ist, während für das restliche Gemeindegebiet die Räum- und Streupflicht so zu erbringen ist, wie sie außerhalb geschlossener Ortslage geschuldet wird. Die Anforderungen an die Räum- und Streupflicht können also innerhalb des Gemeindegebietes verschieden sein.

Der Winterdienst auf öffentlichen Straßen erfolgt daher entweder hoheitlich als Amtspflicht (z. B. in Baden-Württemberg, Bayern, Nordrhein-Westfalen) oder aus der Pflicht zur Verkehrssicherung.

Begrenzt ist diese Pflicht auf die Leistungsfähigkeit der Gemeinde. Es handelt sich um einen unbestimmten Rechtsbegriff, der im Einzelfall auszufüllen ist. Abzustellen ist dabei darauf, welche organisatorischen Vorkehrungen und Maßnahmen von einer Kommune dieser Struktur bei Abwägung der Interessen aller potenziell Betroffenen billiger- und typischerweise verlangt werden müssen.[10]

Dies hat die Rechtsprechung unter anderem dahingehend konkretisiert, dass alle Fahrbahnen öffentlicher Straßen oder Privatstraßen des öffentlichen Verkehrs an verkehrswichtigen und gefährlichen Stellen zu räumen und zu streuen sind.[11]

Daraus ergibt sich, dass streng zwischen den winterdienstlichen Verkehrssicherungspflichten innerhalb und außerhalb geschlossener Ortslage und ebenso zwischen dem Fahrzeugverkehr einerseits und dem Fußgängerverkehr andererseits zu unterscheiden ist.

Dies kann im folgenden Schema dargestellt werden:

Verkehrssicherungspflicht der Gemeinden und Landkreise auf Fahrstraßen und Gehwegen im Winter			
innerhalb geschlossener Ortslage		außerhalb geschlossener Ortslage	
Fahrzeugverkehr	Personenverkehr	Fahrzeugverkehr	Personenverkehr
Sicherung der verkehrswichtigen **und** gefährlichen Stellen	grundsätzlich Sicherung aller Gehwege	Sicherung der verkehrswichtigen **und** besonders gefährlichen Stellen	grundsätzlich keine Sicherungspflicht, außer belebte Wege, die Ortsteile verbinden

10 Vgl. Wichmann, Straßenreinigung und Winterdienst in der kommunalen Praxis, 6. Auflage, RdNr. 38 a.

11 BGHZ 112, 74.

Verkehrswichtig für Kraftfahrzeuge innerhalb geschlossener Ortslage sind insbesondere Hauptverkehrsstraßen und verkehrsreiche Durchgangsstraßen (z. B. Bundesstraßen). Es ist also vornehmlich auf ein starkes Verkehrsaufkommen von einer gewissen konstanten Dauer, z. B. tagsüber, abzustellen. Die Verkehrswichtigkeit muss sich objektiv aus der konstanten Frequentierung der Straße durch den Kfz-Verkehr ergeben. Es kommt also nicht darauf an, welche Kraftfahrzeuge, z. B. Schulbusse oder Krankentransportwagen, die Straße vermehrt benützen (streitig).

Verkehrswichtig ist ein unbestimmter Rechtsbegriff, der ausfüllungsbedürftig ist. Dies bedeutet, dass z. B. in einer kleinen Gemeinde eine Straße schon bei einer relativ kleinen Anzahl von Fahrzeugen als verkehrswichtig angesehen werden muss, die in einer größeren Stadt noch nicht ausreicht, um sie verkehrswichtig zu machen.

Die Verkehrswichtigkeit ist auch kein statischer, sondern ein dynamischer Begriff, d. h. ändert sich die Benutzerhäufigkeit einer Straße, ändert sich auch deren Qualifizierung in verkehrswichtig oder verkehrsunwichtig. Eine Nebenstraße kann daher zu Verkehrswichtigkeit aufsteigen, wenn z. B. über sie für längere Zeit eine von vielen Fahrzeugen benutzte Umleitung geführt wird. Ebenso kann eine Hauptverkehrsstraße verkehrsunwichtig werden, wenn auf ihr auf Dauer weniger Verkehr stattfindet. Die Bauhofleitung ist daher gut beraten, die Verkehrsentwicklung im Auge zu behalten.

Generalisierend kann man sagen, dass ganz allgemein diejenigen Straßen verkehrswichtig sind, auf denen im Verhältnis zu den anderen öffentlichen Straßen im Gemeindegebiet der meiste Kraftfahrzeugverkehr stattfindet. Eine Ausnahme davon stellen die klassifizierten Straßen dar. Sie sind immer verkehrswichtig, ihre Verkehrsbedeutung ist daher nicht mehr zu prüfen. Auch auf einer klassifizierten Straße mit wenig Verkehr ist der Winterdienst zu leisten.[12]

Eine Straße ist nicht verkehrswichtig, nur weil sie im Räum- und Streuplan der Gemeinde so eingestuft wurde; im Streitfall wird darüber das Gericht entscheiden. Das Gleiche gilt für die Qualifizierung einer Straße als gefährlich oder ungefährlich.

Innerorts sind Straßenstellen für Kraftfahrzeuge **gefährlich,** die wegen ihrer eigentümlichen Anlage oder bestimmter Zustände, die nicht ohne Weiteres erkennbar sind, die Möglichkeit eines Unfalles auch für den Fall nahe legen, dass der Verkehrsteilnehmer die im Verkehr im Winter allgemein erforderliche Sorgfalt walten lässt. Dazu gehören Straßenstellen, wo Kraftfahrer erfahrungsgemäß bremsen, ausweichen oder sonst ihre Fahrtrichtung oder Geschwindigkeit ändern müssen oder deren Gefährlichkeit im Winter nicht ohne Weiteres erkennbar ist, weil gerade diese Umstände bei Schnee-

12 Vgl. Wichmann, Straßenreinigung und Winterdienst in der kommunalen Praxis, 6. Auflage, RdNr. 52.

und Eisglätte zum Schleudern oder Rutschen und damit zu Unfällen führen können.

Dies gilt für scharfe und unübersichtliche sowie sonst gefährliche oder schwierige Kurven, Gefällstrecken, Straßenkreuzungen oder Straßeneinmündungen, Straßenstellen mit auffallenden Verengungen, Straßen an Wasserläufen, Strecken mit erheblicher bzw. auffallender Verkehrsdichte, eine mit einer Ampelanlage versehene Straßenkreuzung, verkehrsreiche Durchgangsstraßen, Ortsdurchfahrten von Bundesstraßen und städtische Hauptverkehrsstraßen.[13] Gefährlich ist also innerorts für den Kraftfahrer eine Stelle, die er trotz der bei Fahren auf winterlichen Straßen von ihm zu fordernden erhöhten Sorgfalt nicht oder nicht rechtzeitig erkennen und auf die er sich nicht oder nicht rechtzeitig einstellen kann („wahrnehmen und handeln"). Kann also ein Kraftfahrzeugführer beispielsweise rechtzeitig eine abschüssige Fahrbahn wahrnehmen und sich in seiner Fahrweise rechtzeitig darauf einstellen, liegt keine Gefahrenstelle vor, sodass auch keine winterdienstlichen Maßnahmen seitens des Verkehrssicherungspflichtigen notwendig sind.

Für den Fahrverkehr innerhalb geschlossener Ortslage ist der Winterdienst an den verkehrswichtigen und zugleich gefährlichen Stellen während der **üblichen Zeit** des Fahrverkehrs zu erbringen. Am **Morgen** ist der Winterdienst so zu organisieren, dass die zu sichernden Stellen vor oder spätestens mit Einsetzen des Berufsverkehrs geräumt und gestreut sind. Gleiches gilt **abends,** d. h. der Winterdienst endet mit dem Ende des Berufsverkehrs bzw. etwa eine Stunde danach. Tagsüber ist nachzuräumen und nachzustreuen, wenn dies erforderlich ist und soweit die Leistungsfähigkeit des Verkehrssicherungspflichtigen reicht. Grundsätzlich gilt es aber nur den Tagesverkehr zu schützen.

Bestehen also innerhalb geschlossener Ortslage für den Fahrverkehr erhöhte Verkehrssicherungspflichten an verkehrswichtigen und gefährlichen Stellen, so gilt diese Pflicht **außerhalb geschlossener Ortslage** sehr eingeschränkt, weil ansonsten die Leistungsfähigkeit und Zumutbarkeitsgrenze für den Verkehrssicherungspflichtigen überschritten würde. Daher sind Straßen außerhalb der geschlossenen Ortslage nur an verkehrswichtigen und **besonders gefährlichen** Stellen zu räumen und zu streuen.[14] Hier handelt es sich z. B. um Brücken, die nicht ohne Weiteres als solche erkennbar sind. Nachts besteht keine Verkehrssicherungspflicht.

Radwege gehören zur Fahrbahn und sind daher nur an verkehrswichtigen und gefährlichen Stellen zu sichern. Bei kombinierten Geh- und Radwegen (Zeichen 240 des § 41 StVO) nimmt der Radfahrer an dem Schutz teil, der

13 BGHZ 3173, 40, 379.

14 BGHZ 45, 143.

für Fußgänger gilt. Der Anlieger hat also den Gehweg für die Fußgänger zu räumen und zu streuen, was dann auch dem Radfahrer zugute kommt.[15]

Gegenüber Radfahrern gelten hinsichtlich der Räum- und Streupflicht die gleichen Voraussetzungen wie für den übrigen Fahrverkehr. Nach Ansicht des BGH[16] müsse im Winter nicht jede Straße mit einem Fahrrad befahrbar sein; witterungsbedingte Beeinträchtigungen seien hinzunehmen.

Es sind daher an die Räum- und Streupflicht gegenüber Radfahrern grundsätzlich keine höheren Anforderungen zu stellen als sie für Autofahrer gelten, auch wenn die Radfahrer bei Schnee- und Eisglätte besonderen Sturzgefahren ausgesetzt sind.[17] Nach der Entscheidung des OLG Celle kann der Radfahrer die Sturzgefahr zumutbar dadurch verringern, dass er vom Rad steigt und zu Fuß geht.

Wesentlich strengere Grundsätze bestehen für den innerörtlichen Fußgängerverkehr. Nachdem die Fortbewegung zu Fuß für die Menschen die letzte Möglichkeit darstellt, wenn alle anderen Fortbewegungsmittel im Winter scheitern, so ist dem Fußgängerverkehr höchste Aufmerksamkeit zu widmen. Es sind somit im Winter alle Gehflächen innerhalb geschlossener Ortslage zu räumen und zu streuen, soweit auf ihnen nicht nur unbedeutender Fußgängerverkehr stattfindet.[18] Man kann auch allgemein formulieren, dass jeder Fußgänger innerhalb geschlossener Ortslage von A nach B gelangen muss, soweit der Sicherungspflichtige dies leisten kann. Nachdem diese Forderung die Leistungsfähigkeit der Kommunen übersteigen kann, haben viele Landesgesetzgeber die Gemeinden ermächtigt (z. B. in Art. 51 Abs. 5 des Bayerischen Straßen- und Wegegesetzes), ihre Verkehrssicherungspflicht auf die **Anlieger** durch Verordnung abzuwälzen. Jedoch verbleibt auch dann ein Rest Verkehrssicherungspflicht bei der Gemeinde in der Form der Pflicht zur Überwachung, ob die Anlieger ihrer Winterdienstpflicht ordnungsgemäß nachkommen. Die meisten kommunalen Winterdienstverordnungen bestimmen, dass die Gehwege zwischen 7.00 Uhr und 20.00 Uhr zu räumen und zu streuen sind, und zwar in einer Breite, dass zwei sich begegnende Fußgänger passieren können.

Wenn keine ausgebauten Gehwege vorhanden sind, so sind entsprechend breite Streifen unmittelbar neben der Grundstücksgrenze des jeweiligen Anliegers zu sichern.

Ist der Winterdienst durch Rechtsverordnung auf die Anlieger übertragen worden, sollten sie rechtzeitig vor Beginn des Winters auf ihre Pflichten hingewiesen werden, z. B. durch die Presse, das gemeindliche Mitteilungsblatt usw.

---

15 BGH, NJW 2003, 3622.

16 BGHR BGB § 839 I 1 Streupflicht.

17 OLG Celle, Urteil vom 22. 11. 2000 9 U 104/00.

18 BGH, NJW 2003, 3622.

Wenn die Gemeinde Gehwege freiwillig und ständig räumt und streut, obwohl hierzu der Anlieger durch Rechtsverordnung verpflichtet wäre, so haftet neben dem Anlieger auch die Gemeinde in einem Schadensfall. Es empfiehlt sich also, klare Verhältnisse zu schaffen; die Gemeinde muss wenigstens den Anlieger unterrichten, wenn sie den freiwillig übernommenen Winterdienst aufgeben will.

In **Fußgängerzonen und verkehrsberuhigten Bereichen** sind besonders viele Fußgänger unterwegs, sodass der Winterdienst dort sehr sorgfältig erbracht werden muss. Es müssen dem Verkehrsbedürfnis entsprechend angemessen breite Streifen mit Verbindung im Mittelbereich und am Rand entlang der Geschäfte geräumt und gestreut werden. Müssen die Anlieger aufgrund einer Rechtsverordnung selber räumen und streuen, so müssen sie nicht mehr machen als in der Rechtsverordnung vorgeschrieben ist, also z. B. einen 1,5 m breiten Streifen entlang ihres Hauses sichern. Die restliche Fläche bedarf der – teilweisen – Sicherung durch die Gemeinde.

Über die Fahrbahn führende belebte und für den Fußgängerverkehr unentbehrliche **Überwege** sind von der Kommune zu räumen und zu streuen,[19] gleich mit oder ohne Zebrastreifen.

Öffentliche Parkplätze unterliegen grundsätzlich den Regeln des Fußgängerverkehrs. Sie sind dann zu räumen und zu streuen, wenn der Parkplatzbenutzer bis zum Erreichen des Gehweges eine nicht nur unerhebliche Entfernung zurücklegen muss.[20] Konkret bedeutet dies, dass auf dem öffentlichen Parkplatz dann ein Fußpfad zu räumen und zu streuen ist, wenn der Parkplatzbenutzer mehr als sechs bis acht Meter vom Kraftfahrzeug bis dorthin laufen muss. Die Parkfläche selbst, auf der das Fahrzeug parkt, muss daher nicht geräumt und gestreut sein. Es genügt, wenn der Parkplatzbenutzer nach spätestens acht Metern eine gesicherte Gehbahn erreicht. Ähnliches gilt für Fußgängerzonen; auch hier genügt es, wenn der Fußgänger von einem erkennbar geräumten und gestreuten Mittelbereich aus mit wenigen Schritten, auch über nicht gesicherte Flächen, die Geschäfte erreichen kann.

Für Wege in **öffentlichen Grünanlagen** besteht nur ausnahmsweise eine Räum- und Streupflicht, nämlich für verkehrswichtige Wege. Es bedarf daher auch keines besonderen Hinweises, dass kein Winterdienst ausgeführt wird, wenn erkennbar ist, dass die Kommune nicht geräumt und gestreut hat.[21] Wenn ein Fußgänger außerhalb der öffentlichen Grünanlage einen gesicherten Fußweg vorfindet, hat er diesen zu benutzen und nicht den ungesicherten Weg im Park. Ein gewisser Umweg ist zumutbar, es muss nicht die bequemste Verbindung sein.[22]

---

19 BGH, NJW 2003, 3622.

20 BGH, VersR 1983, 162.

21 OLG Düsseldorf, VersR 1989, 1090.

22 OLG Frankfurt/M., Urteil vom 09. 07. 1990 – 1 U 70/89.

Das Räumen und Streuen von Gehwegen im Bereich von **Bushaltestellen** unterliegt den Grundsätzen der Verkehrssicherungspflicht für Gehwege, d. h. die Kommunen haben dort zu räumen und streuen, es sei denn, die Pflicht hierzu ist wirksam durch Rechtsverordnung auf die Anlieger übertragen worden. Dann sind die Anlieger pflichtig, soweit ihnen das in der Rechtsverordnung übertragen worden ist, z. B. in einer Breite von 1,50 m, gemessen von der Grundstücksgrenze aus. Befindet sich die Bushaltestelle aber weiter entfernt von der Grundstücksgrenze des Anliegers, beispielsweise 4 m, so ist der Anlieger nicht verpflichtet, die restlichen 2,50 m in der Breite auch noch zu sichern. Hier ist dann die Kommune wieder gefordert.

Außerhalb geschlossener Ortslage besteht für Fußgänger grundsätzlich keine Verkehrssicherungspflicht,[23] es sei denn, es handelt sich um belebte Gehwege zwischen Ortsteilen, die nicht weit voneinander entfernt liegen (ca. 500 m).

Die Bauhofleitung schuldet kein **vorbeugendes Streuen.** Nur ausnahmsweise gibt es eine solche Pflicht, wenn für die Bauhofleitung schon während der üblichen Streuzeit vorhersehbar ist, dass nachts an bestimmten Stellen Eisglätte auftreten wird und ein Streuen Unfälle vermeiden hilft. [24]

Die verkehrssicherungspflichtige Körperschaft muss durch sachgerechte Organisation ihren Winterdienst sicherstellen. Im **Räum- und Streuplan** wird unter anderem die zeitliche Rangfolge der zu sichernden Verkehrsflächen festgelegt. Allerdings begründet die Aufnahme einer bestimmten Straße in den Streuplan noch keine Verkehrssicherungspflicht für die Körperschaft. Denn es handelt sich insoweit um einen innerbetrieblichen Organisationsplan ohne Außenwirkung. Letztlich wird erst vor Gericht bei einem Rechtsstreit festgestellt werden, ob der Räum- und Streuplan sachgerecht aufgestellt worden war.

Ebenso wichtig sind die **Räum- und Streuberichte,** weil sie für den Fall eines Rechtsstreits als Beweismittel dienen können. Nachdem Ansprüche aus unerlaubter Handlung erst in drei Jahren verjähren, liegt es auf der Hand, dass der Räum- und Streudienst dokumentiert wird. Denn nach beispielsweise zwei Jahren wird sich niemand mehr an die konkreten Räum- und Streudienste erinnern.

Gleiches gilt für **Wetteraufzeichnungen,** die täglich – auch zu Beweiszwecken – geführt werden sollten. Denn aus ihnen ist später zu entnehmen, ob witterungsbedingt Sicherungsmaßnahmen erforderlich waren.

Es liegt ein **Organisationsverschulden** vor, wenn die Kommune nicht auf den Winterdienst vorbereitet ist; auch eine Überlastung ihres Streudienstes

23 BGH, NZV 1995, 144.

24 BGH VersR 1958, 289; 1959, 134; VersR 1985, 189; NJW 1964, 814.

entlastet sie nicht.[25] Die Bauhofleitung hat also rechtzeitig Vorsorge zu treffen, dass sie für den Notfall Ersatzkräfte und -fahrzeuge beschaffen kann. Allerdings darf dabei die Zumutbarkeitsgrenze im Rahmen der Leistungsfähigkeit der Gemeinde nicht überschritten werden.

Dazu gehört auch, dass zu Beginn des Winters die **Mitarbeiter** des Bauhofs in die Pflichten eingewiesen werden, wann, wo, wie oft und in welcher Weise der Winterdienst zu erbringen ist. Dass bedeutet, den Mitarbeitern sind hierzu die notwendigen Kenntnisse und Fähigkeiten zu vermitteln, also z. B. die Handhabung der Gerätschaften, die Art und Weise des Streuens, die Führung der Räum- und Streuberichte. Außerdem muss ihnen der Räum- und Streuplan einschließlich der zeitlichen Reihenfolge der zu ergreifenden Winterdienstmaßnahmen vermittelt und ausgehändigt werden.

Gleiches gilt, wenn **Fremdfirmen** zum Winterdienst herangezogen werden. Sie müssen sorgfältig ausgewählt, angeleitet und überwacht werden. Die mit ihnen abgeschlossenen Werkverträge sind klar und eindeutig abzufassen, insbesondere wer den jeweiligen Winterdiensteinsatz bestimmt (Bauhofleitung oder Firma).

Die notwendigen **Geräte** für den Winterdienst sind einsatzfähig zu machen und zu halten.

Die Zusammenarbeit mit der **Polizei** im Rahmen des Warndienstes ist besonders wichtig. Auch sollte ihr der Inhalt des Räum- und Streuplanes wenigstens in einer Übersicht vermittelt werden, weil damit unnötige Meldungen vermieden werden können, nachdem die Kommune ja nicht flächendeckend streuen muss. Die Polizei kann die Bauhofleitung nicht anweisen, winterdienstlich tätig zu werden, sie hat nur eine Meldepflicht. Die Bauhofleitung entscheidet eigenständig, ob sie verpflichtet ist, die von der Polizei gemeldete Gefahrenstelle zu sichern.

Innerhalb der Kommune müssen die **Zuständigkeiten** abgeklärt werden, also wer z. B. die Friedhöfe, die Grünanlagen, die Sportanlagen etc. im Winter sichert. In der Praxis ist es häufig so, dass innerhalb der Körperschaft (Kommune, Landkreis) unklare oder fast keine Regeln bestehen, wer welche Verkehrssicherungspflichten zu erfüllen hat.

Warnzeichen müssen mindestens dort aufgestellt werden, wo der Verkehrssicherungspflichtige aufgrund seiner Leistungsfähigkeit nicht im Stande ist, einen verkehrssicheren Zustand zu schaffen. Allerdings entbindet dies die Bauhofleitung nicht von ihrer grundsätzlichen Pflicht, die Gefahrenstelle zu beseitigen, was von den Umständen abhängt (Art und Ausmaß der Verkehrsgefährdung, deren Wahrnehmbarkeit, häufige Unfälle in der Vergangenheit etc.). Schilder an den Ortseinfahrten mit dem Inhalt „kein Winterdienst“ oder „eingeschränkter Winterdienst“ oder Ähnlichem stellen für den Straßenbaulastträger keine wirksame Freizeichnung von sei-

25 OLG Hamm, VersR 1984, 194.

ner Haftung gegenüber dem Verkehrsteilnehmer dar. Erleidet ein Verkehrsteilnehmer wegen des nicht durchgeführten oder nur eingeschränkten Winterdienstes einen Schaden, weil der Straßenbaulastträger seine Verkehrssicherungspflicht verletzt hat, ist der Straßenbaulastträger eintrittspflichtig. Der Verkehrsteilnehmer muss sich aber gegebenenfalls ein Mitverschulden anrechnen lassen.

Streusplitt ist erst nach dem Winter zu beseitigen und nicht nach jeder einzelnen Frost- oder Schneeperiode; dies wäre für den Verkehrssicherungspflichtigen unzumutbar. Wird der Streusplitt zur offensichtlichen Gefahr für die Verkehrsteilnehmer, dann ist er jedoch zu entfernen, und zwar auch dann noch, wenn in der Zukunft aufgrund der Witterungsverhältnisse noch zu streuen sein wird.

Wird im Winterdienst **Streusalz** eingesetzt, so kann dies zu Schäden führen. Der BGH entschied 1994,[26] dass Schäden wegen Streusalzes, welches beim sachgemäß ausgeführten Winterdienst eingesetzt wurde, nicht ersetzt werden müssen. Dies bedeutet einen engen Haftungsausschluss: Der Einsatz von Salz muss unvermeidlich sein und sachgerecht erfolgen. Die Kommune muss also nachweisen können, dass sie ihre Sorgfaltspflicht bei der Auswahl des Streumittels nicht verletzt hat und dass nicht zu viel und ohne gebührenden Anlass gestreut wurde.

Damit dürfte umgekehrt klar sein, dass grundsätzlich kein Streusalz auf Privatgrundstücke aufgebracht werden darf. Unter dieses Verbot fällt auch das Schleudern oder Räumen salzhaltigen Schnees von der öffentlichen Straße auf Privatgrundstücke durch Räumfahrzeuge.

Durch Streusalz oder schleudernden Splitt können **(Lack-)Schäden an Fahrzeugen** entstehen. Hier haftet die Kommune als Halterin der Räum- und Streufahrzeuge.[27]

Die Bauhofleitung hat daher darauf zu achten, dass an den Fahrzeugen die Höhe der Streuteller und die Auswurfstärke möglichst niedrig und die Streubreite angemessen schmal eingestellt werden.

---

26 BGHZ 124, 394.

27 BGH, NJW 1988, 3019.

III.
Aufgabenbereiche in der Kommunalhaftung

(Darstellung der Aufgabenbereiche in alphabetischer Reihenfolge)

Badeanstalt, -see, -strand

Häufig gehört auch der Betrieb und Unterhalt einer Badeanstalt zu den Aufgaben des gemeindlichen Bauhofes, gerade in kleineren Gemeinden.

Die Gemeinde als Betreiber einer Badeanstalt ist verpflichtet, die Benutzer vor solchen Gefahren zu schützen, die über das übliche Risiko eines Badebetriebes hinausgehen und nicht ohne Weiteres erkennbar oder vorhersehbar sind.[28] Beim Besuch der Badeanstalt, dies gilt insbesondere für Kinder und Jugendliche, sind im Rahmen des wirtschaftlich Zumutbaren auch die Gefahren zu berücksichtigen, die bei einem unbesonnenen, unter Umständen auch vorschriftswidrigen oder missbräuchlichen, aber nicht ganz entfernt liegenden Verhalten drohen.[29]

Bei einem Schwimmbecken ist eine Aufsichtsperson erforderlich, die von einem geeigneten Standort aus das gesamte Bad überblicken und Sicht in die Schwimmbecken nehmen kann. Im Hallenbad genügt in der Regel ein Schwimmmeister, wobei es jedoch auf die Größe des Bades ankommt; der Schwimmmeister kann sich zur Erfüllung seiner Pflicht auch weiterer Gehilfen bedienen. Gebietet es die Größe des Bades, muss eine Anweisung bestehen, dass die Aufsichtsperson den Standort öfters zu wechseln hat, um das Geschehen aus verschiedenen Blickwinkeln verfolgen und wenn erforderlich eingreifen zu können.[30] Dem ist nicht genügt, wenn ein Badegast mehrere Minuten unentdeckt untergetaucht im Wasser liegt.[31] Andererseits besteht keine Pflicht des Bademeisters, ständig am Beckenrand anwesend zu sein oder zu regelmäßigem Absuchen der Liegewiese während des Badebetriebs nach gefährlichen Gegenständen. Es muss eine deutliche und sichtbare Abgrenzung zwischen dem Schwimmer- und Nichtschwimmerabteil bestehen. Bei einer Sprunganlage muss eine Grundberührung beim Springen ausgeschlossen sein, ebenso die Verletzung anderer Schwimmer. Bei Wasserrutschen müssen angemessene Vorkehrungen vorhanden sein, die Zusammenstöße auf der Rutsche vermeiden. Eine ständige Aufsicht ist aber nicht notwendig.[32] Mit einer Fußbodenglätte wegen besonderer Feuchtigkeit

28 BGH, NJW 2000, 1946.
29 BGH, NJW 1978, 1629; 2004, 1449.
30 BGH, NJW 2000, 1946.
31 OLG Celle, MDR 2001, 691.
32 BGH, NJW 2004, 1449.

muss ein Benutzer zwar rechnen, der Belag darf aber nicht besonders rutschgefährlich sein. Gleiches gilt für die Sauna. Höhere Anforderungen bestehen an die Rutschfestigkeit des Belages in medizinischen Badeanstalten.

Besteht bei einem Badesee oder Badestrand die Gefahr, dass gefährliche Gegenstände angespült werden, ist vor ihnen zu warnen. Ein Betonblock unter der Wasseroberfläche eines Baggersees in Ufernähe ist zu entfernen.

Früher galt in Bayern die Verordnung über Badeanstalten, worin auch Hygienevorschriften enthalten waren. Jetzt ist unter anderem § 37 Absatz 2 des Infektionsschutzgesetzes zu beachten. Danach muss das Wasser in den Schwimm- und Badebecken so beschaffen sein, dass durch seinen Gebrauch eine Schädigung der menschlichen Gesundheit, insbesondere durch Krankheitserreger, nicht zu besorgen ist. Was hierzu im Einzelnen zu unternehmen ist, kann aus den Empfehlungen des Umweltbundesamtes „Hygieneanforderungen an Bäder und deren Überwachung“ entnommen werden.

Auch das örtlich zuständige Gesundheitsamt kann um Rat gefragt werden.

Damit eine erfolgreiche Kontrolle möglich ist, ist ein Organisationsplan notwendig. Darin sind aber nicht nur die öffentlich zugelassenen Badeanstalten, -seen und -strände aufzunehmen, sondern auch alle Badestellen, wo wild gebadet wird, z. B. in Baggerseen, wo das Baden verboten ist. Denn die Gemeinde und der Landkreis müssen überwachen, ob das Badeverbot eingehalten wird. Bei einem Baggersee hat der Verkehrssicherungspflichtige, wenn er erkennen kann, dass der See zum „wilden“ Baden benutzt zu werden pflegt, jedenfalls an Stellen, die trotz erheblicher Untiefen durch ihre Beschaffenheit auch Nichtschwimmern Gefahrlosigkeit vortäuschen, zumindest durch auch für kleinere Kinder einprägsame Warnschilder der besonders gesteigerten Gefahr eines Ertrinkens zu begegnen.[33] Jedoch weist der BGH in diesem Urteil auch darauf hin, dass „wildes“ Baden grundsätzlich auf eigenes Risiko geschieht. Der Verkehrssicherungspflichtige muss also die Gefahren abwägen und einschreiten, wenn er eine gesteigerte Verkehrssicherungspflicht, beispielsweise gegenüber Kindern, erkennt.

In Form einer Dienstanweisung müssen die zu erbringenden Aufgaben und Kontrollen den Mitarbeitern des Bauhofes vermittelt werden. Daraus muss klar hervorgehen, dass wegen der besonderen Unfallgefahren beim Baden die vorhandenen Einrichtungen stets den höchsten Sicherheitsanforderungen genügen müssen. Die Badeordnung gibt den Mitarbeitern genügend Handhabe, um ihre Anweisungen gegenüber den Badegästen durchzusetzen.

33 BGH, Urteil vom 18. 10. 1988 – VI ZR 94/88.

Bäume

Im Rahmen der Verkehrssicherungspflicht kann zunächst nur verlangt werden, sämtliche Straßenbäume sorgfältig daraufhin zu überprüfen, ob sie entweder ganz offen einen Stabilitätsmangel erkennen lassen (z. B. nach Blitzschlag in die Baumkrone) oder äußere Anzeichen aufweisen, die nach aller Erfahrung auf einen solchen Mangel hinweisen (z. B. Pilzbefall). Die äußere Gesundheits- und Zustandsprüfung ist in Form einer fachlich qualifizierten und vom Boden aus durchgeführten Inaugenscheinnahme des Baumes ohne Geräte (Ausnahme allenfalls: Fernglas bei besonders hohen Kronen) vorzunehmen.[34]

Die Verkehrssicherungspflicht umfasst die Sorge, dass die Bäume im Rahmen des zumutbaren und nach forstwissenschaftlichen Erkenntnissen (FLL-Baumkontrollrichtlinien) auf Windbruch und -wurf, Morschheit von Stamm und Ästen sowie Standfestigkeit kontrolliert werden. Grundsätzlich genügen zwei Sichtkontrollen im Jahr, einmal im unbelaubten und einmal im belaubten Zustand des Baumes. Zeigen sich am Baum Auffälligkeiten, sind eingehendere Untersuchungen erforderlich, gegebenenfalls unter Hinzuziehung eines Fachmannes.

Kontrollen von großen Bäumen aus einem mit 20 km/h fahrenden Fahrzeug heraus genügen nicht.

Bei der Kontrolle ist auf spärliche oder trockene Belaubung, dürre Äste, äußere Verletzungen, Auffälligkeiten im Wachstum oder Pilzbefall zu achten. Auch muss der Gesundheitszustand der Umgebungsbäume in die Kontrolle mit einbezogen werden, weil sich dadurch möglicherweise Hinweise auf versteckte Krankheiten des zu kontrollierenden Baumes ergeben könnten.

Bei verkehrswichtigen Straßen besteht die Verkehrssicherungspflicht darin, den Verkehr behindernden Bewuchs der Bäume der Höhe und der Breite nach zu entfernen. In aller Regel muss die lichte Höhe eines Baumes 4 m betragen, weil dies auch die zulässige Fahrzeughöhe ist. Kann dies nicht erreicht werden, müssen wenigstens Warnschilder aufgestellt werden; notfalls ist die Straße zu sperren.

Ein besonderes Problem stellen geschützte Bäume dar, sei es als einzelnes Naturdenkmal, sei es als geschützte Landschaftsbestandteile. In solchen Fällen ist die Beseitigung der Bäume ebenso verboten wie alle Handlungen, die zu einer Zerstörung, Beschränkung oder Veränderung führen können. Die Verkehrssicherungspflicht bleibt nach wie vor beim Grundstückseigentümer, der für Maßnahmen an solchen Bäumen vorher die Zustimmung der Baumschutzbehörde einholen muss.

Das Laub im Herbst ist witterungsabhängig und nicht im Rahmen der turnusmäßigen Straßenreinigung zu entfernen. Vielmehr muss – ebenso wie

34 OLG Hamm, Urteil vom 24. 09. 2004 – 9 U 158/02.

das winterliche Schneeräumen und Streuen bei Einsetzen der entsprechenden Witterung – auch das Laubkehren in Abhängigkeit vom Laubabfall, der z. B. nach den ersten Nachtfrösten verstärkt auftritt, vorgenommen werden. Mag dabei auch nicht solche Eile geboten sein wie beim Winterdienst, so kann ein Liegenlassen von Laubmassen über einen Zeitraum, der zur Bildung einer mächtigen Laubdecke mit tiefliegenden, vermoderten und deshalb glitschigen Schichten führt, nicht hingenommen werden.[35]

Eine Sicherungspflicht gegenüber herabfallenden Kastanien, die z. B. ein Auto beschädigen, besteht nicht. Denn es ist allgemein bekannt, dass im Herbst Kastanien herunterfallen, worauf sich jeder Verkehrsteilnehmer einstellen kann und sich und seine Habe (Auto) selber schützen muss.[36]

Aufgrund der im Dezember 2004 von der Forschungsgesellschaft Landschaftsentwicklung Landschaftsbau e. V. (FLL) herausgegebenen Baumkontrollrichtlinie entwickelte die Bundesgemeinschaft Kommunalversicherer (BADK) zusammen mit der ständigen Konferenz der Gartenamtsleiter beim Deutschen Städtetag (GALK) eine Musterdienstanweisung zur Baumkontrolle, abgedruckt in BADK-Information 3/2006.

Bei der Beschädigung oder Zerstörung eines Baumes kann die Höhe des Schadens durch Anwendung der Methode Koch festgestellt werden. Nachdem es sich um ein kompliziertes Berechnungsverfahren handelt, empfiehlt sich die Hinzuziehung eines Sachverständigen.[37]

Baustellen auf Straßen und Wegen

Die Gemeinden und Landkreise als Straßenbaulastträger sind für die Sicherung von Straßenbaustellen verantwortlich. Sie können diese Pflicht auf einen Unternehmer übertragen, bleiben aber kontroll- und überwachungspflichtig.

Die Verkehrsregelung zur Sicherung oder Absperrung der Baustelle kann über eine verkehrsrechtliche Anordnung im Sinne von § 45 Absatz 1 Satz 2 Nr. 1, Absatz 2 und Absatz 6 StVO erfolgen.

Die Verkehrsteilnehmer sind vor den Gefahren zu schützen, die für sie auch bei der in Baustellenbereichen gebotenen erhöhten Aufmerksamkeit nicht erkennbar sind und auf die sie sich nicht einstellen können. Insbesondere ist nach Einrichtung der Baustelle durch einen Unternehmer diese unverzüglich von der Gemeinde oder dem Landkreis auf ihre Sicherheit zu kontrollieren und dann regelmäßig in den von den Umständen abhängigen Zeitintervallen.

35 OLG Hamm, Urteil vom 09. 12. 2005 – 9 U 170/04 in BADK 2006, 197.

36 OLG München, Urteil vom 10. 01. 2005 – 1 U 5083/04.

37 Vgl. aktualisierte Gehölzwerttabellen, Karlsruhe, VVW 2001, 3. neu bearbeitete und erweiterte Auflage von Hans-Joachim Hötzel und Franz Hund. Mit einem Kapitel über VTA – Visual tree assessment – von Claus Mattheck und Klaus Bethge.

Beleuchtung

Die Gemeinden sind innerhalb geschlossener Ortslage (Artikel 4 Absatz 1 Satz 2 BayStrWG) zur Beleuchtung der Straßen verpflichtet, allerdings nur nach ihrer Leistungsfähigkeit, Artikel 51 Absatz 1 Satz 1 BayStrWG. Das Maß der Beleuchtungspflicht bestimmt sich nach dem Sicherungsbedürfnis konkreter Gefahrenstellen, wie z. B. Baustellen, Verkehrsinseln, ausgewiesene Fußgängerüberwege, Treppen, Absätzen. Auch wichtige Verkehrswege im Ortsinnern müssen beleuchtet werden, abgestuft nach ihrer Verkehrswichtigkeit und Gefährlichkeit. Wenig frequentierte Straßen und Fußwege müssen nicht oder nicht die ganze Nacht oder nur gering beleuchtet werden.

Außerhalb der geschlossenen Ortschaft kann auf die Beleuchtung grundsätzlich verzichtet werden, es sei denn, es liegt eine besondere Gefahrenstelle (Absicherung einer Baustelle oder einer massiven Fahrbahnbeschädigung) vor.

Wo nachts die Lampen innerhalb geschlossener Ortschaft nicht durchgehend leuchten, muss dies mit dem Zeichen 394 des § 42 Absatz 7 StVO gekennzeichnet werden.

Die erforderlichen Wartungs- und Reparaturarbeiten werden meistens Fachfirmen übertragen, sodass bei der Gemeinde wiederum die Überwachungs- und Kontrollpflicht als Rest der Verkehrssicherungspflicht verbleibt.

Eislauf

Wer Eislauf auf öffentlichen Gewässern zulässt, muss auf die Tragfähigkeit der Eisfläche achten. Gegebenenfalls muss die Eisfläche abgesperrt werden. Es empfiehlt sich auch, entsprechende Hinweise in der örtlichen Presse zu veröffentlichen.

Freizeitveranstaltungen

(Musikkonzerte, Volksfeste etc.)

Die Verkehrssicherungspflicht obliegt grundsätzlich dem jeweiligen Veranstalter und nicht der Gemeinde oder dem Landkreis.

Allerdings haftet auch die Kommune als Eigentümerin der Freizeitanlage. Dies gilt insbesondere für die bauliche Sicherheit der Festhalle oder des Festplatzes.

Führt die Kommune eine Veranstaltung durch (Konzert, Theater, Festzelt, Umzug, Aufstellen eines Maibaumes, Sportwettkampf o. Ä.), hat sie die notwendigen Schutzvorkehrungen zu treffen, beispielsweise Absperrungen zu errichten oder Warntafeln aufzustellen.

Friedhöfe

Für Friedhöfe gibt es Öffnungszeiten; während dieser Zeiten muss der Friedhof verkehrssicher sein. Hierfür ist der Eigentümer zuständig. Sollte dies die Gemeinde sein, ist sie verpflichtet.

Innerhalb des Friedhofes können verschiedene Aufgaben anfallen:

Die **Friedhofswege** sind regelmäßig zu kontrollieren, wobei die Häufigkeit der Kontrollen von der Besucherfrequenz abhängt. Die Wege sind im Sommer zu kehren, gegebenenfalls zu sanden, vom Laub zu befreien und im Winter zu räumen und zu streuen. Jedoch gilt allgemein die Einschränkung, dass aufgrund des beschränkten öffentlichen Verkehrs die Sorgfaltspflichten der Kommune geringer sind. Konkret bedeutet dies, dass im Winter generell nur die Hauptwege zu bedienen sind, nicht aber die Nebenwege.[38] Bei Beerdigungen aber müssen die zu benutzenden Wege im Winter verkehrssicher sein, also die Wege zur Friedhofskapelle, zur Leichenhalle, zur Grabstätte.

Bei **Bäumen** muss nach den Grundsätzen einer Baumkontrolle verfahren werden (siehe Bäume).

Bauliche Anlagen wie Friedhofsmauern, -tore und -gebäude sind regelmäßig zu kontrollieren, insbesondere nach Unwettern.

Grabsteine müssen nicht nur vom Nutzungsberechtigten, sondern auch von der Gemeinde, etwa auf ihre Standfestigkeit hin, kontrolliert werden. Denn die von einem unzulänglich aufgestellten Grabmal ausgehende Gefahr für Friedhofsbesucher ist vom Träger des Friedhofs zu beseitigen.[39] Sichtkontrollen allein genügen nicht, wenn Umstände vorliegen, die eine Gefahr vermuten lassen. Dann sind – kräftige – Rüttelproben am Grabstein notwendig. Grundsätzlich genügen jährliche Kontrollen, am besten im Frühjahr, nach dem Winter. Dies ist aber eine Mindestforderung. Denn ein Friedhofbesucher darf darauf vertrauen, dass ein Grabmal nicht schon dadurch umstürzt, wenn man sich daran festhält oder darauf aufstützt.[40] Die verkehrssicherungspflichtige Gemeinde muss damit rechnen, dass der Friedhof auch bestimmungswidrig, z. B. durch Kinder genutzt wird.

Ergibt sich bei Kontrollen, dass die Standfestigkeit eines Grabmales gefährdet ist, so empfiehlt es sich, sofern nicht Gefahr in Verzug ist, den Nutzungsberechtigten unter Fristsetzung aufzufordern, den Mangel zu beheben, ansonsten ihm angedroht wird, dass im Wege der Ersatzvorname die Gemeinde dies tun wird, und zwar auf seine Kosten.

Gebäude und Grundstücke

Die Gemeinde ist für die in ihrem Eigentum stehenden Gebäude und Grundstücke verkehrssicherungspflichtig. Es besteht jedoch keine allgemeine Pflicht, Grundstücke gegen unbefugten Verkehr zu sichern, anders nur, wenn dieser geduldet wird (z. B. Trampelpfad). Wenn Kinder auf Grundstücken spielen, besteht eine Sicherungspflicht, insbesondere wenn sich auf

38 LG Flensburg, VersR 1966, 1091.

39 BGH, NJW 1961, 868.

40 OLG Düsseldorf, Urteil vom 04. 01. 1966 – 4 U 200/65.

dem Grundstück gefährliche Gegenstände befinden (verlassenes Ruinengrundstück).

Besonderes Augenmerk muss der Gefahr durch Dachlawinen geschenkt werden. Wo Verkehr eröffnet wurde, muss auch eine Sicherung der Verkehrsteilnehmer am Dach eines kommunalen Gebäudes vorhanden sein, wenn ohne diese Sicherung Dachlawinen abgehen können. Selbstverständlich kommt es auf den Einzelfall an, also ob das kommunale Gebäude im Gebirge oder im Flachland liegt, ob es ein steiles oder flaches Dach hat, ob viel oder wenig Schnee auf dem Dach liegt usw.

Als Sicherungsmittel haben sich Schneefanggitter und Dachhaken bewährt; bei hohen und steilen Dächern muss unter Umständen eine zweite oder gar dritte Reihe von Schneefanggittern angebracht werden.

Droht trotz dieser Sicherungsmaßnahmen eine Dachlawine abzugehen (bei Tauwetter) oder hängt sie über das Dach hinaus, sind Warnstangen und -schilder aufzustellen. Notfalls muss abgesperrt werden. Auch kann – allerdings nur ausnahmsweise – gefordert werden, das Dach vom Schnee zu räumen, aber nur, wenn dies zumutbar ist.

Bei einer Fußgängerunterführung muss die Treppe trittsicher und rutschfest sein. Ein Treppengeländer darf nicht fehlen. Dieses muss so gestaltet sein, dass Kleinkinder nicht durchrutschen können. Ein Fahrstuhl ist laufend zu überprüfen.

Für Fußböden in öffentlichen Gebäuden bestehen strenge Anforderungen an Auswahl und Unterhaltung. Eine regelmäßige Kontrolle und Reinigung des Fußbodens ist entsprechend dem Verkehrsaufkommen zu gewährleisten, insbesondere im Eingangsbereich bei Nässe, wo sich das Aufstellen von Warnschildern empfiehlt.

Schächte, insbesondere von Kellern, sind zu sichern, bei Abdeckrosten gegebenenfalls auch gegen unbefugtes Abheben, wenn damit gerechnet werden muss (Schul- oder Kindergartenbereich).

Gewässer

Die Ausbaupflichten für Gewässer sind öffentlich-rechtlich geregelt, so dass hierfür eine Amtspflicht der Gemeinde gegeben ist.

Gleiches gilt für die Unterhaltungspflichten, die gegenüber der Öffentlichkeit bestehen, sodass auch hieraus der Anspruch eines Geschädigten aus Verletzung der Amtspflicht bestehen kann. Ihre Missachtung begründet aber unter Umständen auch eine deliktische Haftung aus unerlaubter Handlung wegen der Verletzung der Allgemeinen Verkehrssicherungspflichten.[41]

Bei Wasserstraßen und -flächen, die dem öffentlichen Verkehr gewidmet sind, gelten bezüglich des Baus und des Unterhalts die gleichen Grundsätze wie für Straßen. Es ist also eine turnusmäßige Überprüfung, Beseitigung von

41 BGHZ 125, 186.

Hindernissen und Kennzeichnung von Gefahrstellen vorzunehmen. Denn grundsätzlich müssen sich die Verkehrsteilnehmer darauf verlassen können, dass das gesamte Fahrwasser ungefährdet befahren werden kann. Schiffsliege- und Anlegestellen müssen in einem ordnungsgemäßen Zustand sein. Wo erforderlich, müssen Absperrungen oder Einzäunungen angebracht werden.

Kanaldeckel

Es ist zu unterscheiden, ob der Kanaldeckel auf der Straße oder auf dem Gehweg installiert ist. Es liegt auf der Hand, dass auf einer Straße, die dem Fahrverkehr dient andere Höhenunterschiede zwischen Kanaldeckel und Straßenniveau hingenommen werden müssen als auf einem Gehweg. Ein Kanaldeckel der auf einer Straße 4,5 cm übersteht, stellt auch für einen Fußgänger noch keine Gefahr dar,[42] ebenso wenig ein um 2 cm überstehender Versorgungsschacht auf einem Gehweg.[43] Auch eine Höhendifferenz von 8 cm auf der Fahrstraße ist vom Kraftfahrer hinzunehmen.[44]

Die Streben eines Ablaufrostes sind grundsätzlich in Querrichtung anzuordnen, was insbesondere dem Schutz der Radfahrer dient.

Kanalunterhalt

Die Abwässerbeseitigung durch das gemeindliche Kanalnetz ist hoheitliche Aufgabe mit der Besonderheit, dass die Haftung der Gemeinde verschuldensunabhängig sein kann. Wird nämlich durch die Wirkungen einer Rohrleitungsanlage ein Schaden verursacht, so ist der Inhaber der Anlage zum Schadensersatz verpflichtet, § 2 Absatz 1 Haftpflichtgesetz. Der Gesetzgeber geht von einer Gefährdungshaftung aus, d. h. wer eine so gefährliche Anlage wie einen Kanal betreibt, muss auch für die davon ausgehenden Gefährdungen verschuldensunabhängig einstehen.

Die Überprüfung der Kanäle ist mit Videokameras vorzunehmen; dies ist Standard. Dabei sind auch die Einstiegsschächte zu kontrollieren.

Kindergarten

Soweit die Kommune Trägerin eines Kindergartens ist, müssen die Grundsätze beachtet werden, die für Spielplätze gelten (siehe Spiel- und Sportplätze).

Öffentliche Grünanlagen

Hier kann auf die Ausführungen zu den Friedhöfen verwiesen werden.

42 OLG Zweibrücken, Urteil vom 14. 07. 1999 – 1 U 168/98.
43 OLG München, Urteil vom 27. 05. 1999 – 1 U 6351/98.
44 OLG Koblenz, Urteil vom 10. 09. 2001 – 12 U 244/00.

Ergänzend hierzu gilt, dass auch Trampelpfade oder Rasenflächen dann gesichert werden müssen, wenn der Verkehrssicherungspflichtige den Verkehr zulässt und deren Benutzung duldet. Will die Gemeinde eine Verkehrseinschränkung, muss sie geeignete Maßnahmen (Warntafeln, Absperrungen etc.) ergreifen. Befinden sich innerhalb der öffentlichen Grünanlagen Teiche, Brunnen etc. so sind sie besonders gegenüber Kindern zu sichern.

Brunnen sollten so abgesichert werden, dass Kinder darin nicht ertrinken können, sei es durch Gitter oder durch Auffüllen des Brunnens mit Grobkies bzw. Anbringung von Gitterrosten, jeweils unter der Wasseroberfläche des Brunnens.

Für sonstige Gewässer wie Weiher, Teiche, Bäche, Kanäle gilt, dass nicht jeder abstrakten Gefahr vorgebeugt werden kann, weil es eine absolute Sicherheit nicht gibt. Der BGH betont in ständiger Rechtsprechung,[45] dass nur solche Sicherungsmaßnahmen notwendig sind, die ein verständiger, umsichtiger und in vernünftigen Grenzen vorsichtiger Mensch für ausreichend halten darf, um andere Menschen vor Schaden zu bewahren. Gegenüber Kindern ist zu beachten, dass sie unerfahren, leichtsinnig und vom Spielen abgelenkt sind, und dass außerdem und gerade solche Gewässer auf sie eine starke Anziehungskraft ausüben, obgleich Gewässer sehr gefährlich für Kinder sein können. Es ist daher im Einzelfall über die jeweilige Sicherungsmaßnahme (Warntafeln, Absperrungen, Kontrollen) zu entscheiden.

Für öffentliche Grünanlagen gelten grundsätzlich die Regeln der Wegeunterhaltspflicht. Befindet sich auf einem Weg ein Loch, so hat der Fußgänger dies selbst wahrzunehmen, was ihm zuzumuten ist, weil er nicht wie im üblichen Straßenverkehr abgelenkt ist.[46] Dies gilt auch für Kiesel, die auf dem Weg in der Grünanlage liegen[47] oder für Unebenheiten und Auswaschungen von 5 cm Tiefe und 4 m Länge.[48]

Eine routinemäßige Kontrolle von Gehwegen in einem Kurpark am Wochenende kann außer bei besonderem Anlass, der nicht schon in einem heftigen Regenereignis liegt, nicht erwartet werden.[49]

Duldet die Kommune als Grundeigentümerin einen über ihr Grundstück (Beispiel Grünfläche) führenden Trampelpfad, so ist sie verkehrssicherungspflichtig. Allerdings sind bei einem Trampelpfad an die Verkehrssicherungspflicht keine hohen Anforderungen zu stellen. Der Benutzer eines unbefestigten behelfsmäßigen Trampelpfades handelt auf eigenes Risiko, wenn er sich diesen erkennbaren Gefahren aussetzt.[50]

45 BGH, VersR 1975, 812; 1994, 1486.

46 OLG Koblenz, Urteil vom 01. 02. 1984 – 1 U 1258/83.

47 LG Köln, Urteil vom 12. 06. 2001 – 5 O 45/01.

48 AG Königstein/TS, Urteil vom 31. 05. 2000 – 21 C 56/00.

49 OLG Hamm, Urteil vom 15. 10. 2003 – 11 U 34/03.

50 OLG Brandenburg, Urteil vom 23. 01. 1996 – 2 U 117/95.

Öffentliche Toiletten

Sie unterliegen einer erhöhten Betreuungspflicht hinsichtlich der Verkehrssicherung und der Reinigung. Zur Verkehrssicherung gehört insbesondere die Bekämpfung der Rutschgefahr auf nassen (Fliesen-) Böden sowie die ausreichende Beleuchtung der Innenräume, was bedarfsgerecht, notfalls täglich zu kontrollieren ist.

Rodelbahnen

Nach der Rechtsprechung des BGH[51] trifft den Bergbahn- und Schleppliftunternehmer wegen Eröffnung und Unterhaltung zur Abfahrt für Skiläufer geeigneter Pisten grundsätzlich eine Verkehrssicherungspflicht. Dies gilt nach OLG Hamm[52] entsprechend für die Eröffnung und Unterhaltung eines Rodelhanges. Die Verantwortung des Verkehrssicherungspflichtigen erstreckt sich dabei in erster Linie auf verdeckte und atypische Gefahren. Eine atypische Gefahr liegt vor, wenn auch ein verantwortungsbewusster Benutzer im Hinblick auf das Erscheinungsbild und dem angekündigten Schwierigkeitsgrad des Rodelhanges mit ihr nicht rechnet, die also nicht „pistenkonform" ist, wie z. B. tiefe Löcher, Betonsockel, Abbrüche oder Steilkanten am Rande des Rodelhanges. Umgekehrt muss der Rodler eigenverantwortlich die typischen Gefahren, die mit dem Rodeln verbunden sind, selber übernehmen, also z. B. schwieriges Gelände, eisige Stellen, Buckel, Mulden, schlechte Schneequalität.

Das gleiche Gericht hat in einem weiteren Urteil[53] entschieden, dass der Betreiber eines Rodelhangs im Rahmen seiner Verkehrssicherungspflicht verhindern muss, dass am Rodelhang mit aufblasbaren Gummischläuchen in der Größe von Treckerreifen abgefahren wird – erst recht nicht in der Formation mehrerer solcher wenig steuer- und abbremsbarer Gefährte.

Gefahrstellen wie Masten, Bäume etc. sind zu sichern durch Matten, Absperrnetze oder Ähnliches.

Spiel- und Sportplätze

Es gelten strenge Anforderungen an die Verkehrssicherungspflicht. Sie hat sich nach den jüngsten in Betracht kommenden Benutzern zu orientieren; dabei ist deren Neugier und Einsichtsfähigkeit zu berücksichtigen. Gerade Kinder, die spielen, sind nicht sorgsam oder umsichtig oder vernünftig, sondern vielmehr neugierig und unbedacht. Im Spieleifer beziehen sie spontan Gegenstände in das Geschehen ein, auch wenn diese für eine andere Nutzung gedacht sind. Es ist also dem kindlichen Spieltrieb Rechnung zu tragen: Kinder klettern auf Spielgeräte oder versuchen sie umzuwerfen. Gerade

51 BGH, NJW 1985, 620.

52 Urteil vom 27. 01. 1999 – 13 U 120/98.

53 OLG Hamm, Urteil vom 10. 02. 1999 – 13 U 91/98.

diese Aktivitäten stellen nahe liegende Gefahren dar, die mit geeigneten Mitteln gesichert werden müssen. Dies gilt beispielsweise für Fußball- und sonstige Spieltore, die fest im Boden verankert sein müssen, damit sie nicht umfallen und jemanden verletzen können.

Diese strengen Anforderungen haben zur Folge, dass nicht nur der Platz und die Spielgeräte zu sichern sind, sondern auch die angrenzenden Flächen, z. B. durch Hecken, Zäune etc. Auch die Abgrenzungen selber dürfen kein Gefahrpotenzial (z. B. Stacheldraht) in sich tragen. Warnhinweise allein reichen nicht aus, weil sie von den Kindern nicht verstanden werden. Dabei muss auch daran gedacht werden, dass Kinder den Spielplatz nicht nur bestimmungsgemäß benutzen (Fehlgebrauchs- und Missbrauchsrisiko).

Es müssen für die Anlage und den Betrieb des Spielplatzes die technischen Regeln eingehalten werden. Das gilt insbesondere für die Spielgeräte, die grundsätzlich bei kompetenten Herstellern erworben werden sollten. Auch auf den Untergrund des Spielplatzes ist zu achten, insbesondere bei Schaukeln und Kletteranlagen; von ihnen darf bei Stürzen kein Verletzungsrisiko ausgehen.

Für die Beurteilung der Verkehrssicherheit auf Kinderspielplätzen sind neben dem Gesetz über technische Arbeitsmittel[54] insbesondere die DIN 18034 und DIN 7926 Teil 1 mit Teil 5 zu beachten. Die DIN 18034 ist eine Planungsnorm und enthält Angaben über den Bedarf an Spielflächen etc. Wichtiger ist die DIN 7926 als Sicherheitsnorm. Darin ist geregelt, wie Spielgeräte mindestens beschaffen sein und aufgestellt werden müssen.

Die Sicherungspflicht beginnt bereits mit der Bauphase und endet erst, wenn alle Spielgeräte wieder abgebaut sind.

Zur Unfallverhütung auf den Spiel- und Sportplätzen gehört zwingend ein gut funktionierender Kontrolldienst. Auch hier empfiehlt es sich, einen Kontrollplan aufzustellen, ein Kontrollbuch zu führen und Dienstanweisungen gegenüber den Mitarbeitern des Bauhofes zu erteilen. Die Gerichte verlangen von den Verkehrssicherungspflichtigen, dass den beauftragten Personen genau erklärt wird, worauf bei den Kontrollen besonders zu achten ist. Dazu gehört nicht nur der Erhaltungszustand der Spiel- und Sportgeräte, sondern es müssen auch die Betriebs- und Wartungsleitungen der Herstellerfirmen herangezogen werden. Ebenso muss in der Dienstanweisung stehen, was der Mitarbeiter tun muss, sollte er einen Mangel feststellen, also z. B. ihn sofort beseitigen oder das fehlerhafte Gerät außer Betrieb setzen oder entfernen. Im Sommer sollten die Sichtkontrollen täglich, die Funktionskontrollen wöchentlich und eine eingehende Kontrolle monatlich gemacht werden. Die Bauhofleitung ist verpflichtet, sich durch stichprobenartige Überwachungen selbst davon zu überzeugen, ob die Dienstanweisungen eingehalten werden.

54 BGBl. I 1979, 1432.

Die Haftung der kommunalen Gebietskörperschaft beruht hier in aller Regel auf dem Recht der unerlaubten Handlung (§ 823 BGB), weil die Anlage, der Betrieb und die Unterhaltung des Platzes keine hoheitliche Aufgabe darstellt, die nach den Grundsätzen einer Amtspflichtverletzung zu beurteilen wäre. Hier ist also ein besonders großes Haftungspotential für die Bauhofleiter und deren Mitarbeiter vorhanden.

Straßenreinigung

Die öffentlichen Körperschaften schulden die Straßenreinigung aufgrund der Straßenbaulast, wobei zwischen verkehrsmäßiger Reinigung, Reinigung aufgrund der Verkehrssicherungspflicht und aufgrund polizeilicher Verpflichtung unterschieden werden kann.

Die Straßenbaulast entsteht durch die Widmung der Straße, die Verkehrssicherungspflicht durch die Eröffnung und Duldung des Verkehrs und die polizeimäßige Verpflichtung – jedenfalls in Bayern – als nachrangige Reinigungspflicht.

Im Rahmen der Sommerreinigung bemisst sich deren Häufigkeit nach dem Grad der zu erwartenden Verschmutzung und somit nach dem Grad der Verkehrsbelastung. Es sind also alle Fremdkörper von der Straße zu entfernen; dazu gehören Laub, Äste, Unkraut etc. Verursacht ein Dritter die Verunreinigung der Straße, z. B. durch eine Ölspur oder Müll nach einer Veranstaltung, so hat dieser die Reinigungspflicht. Kommt der Dritte dieser Pflicht nicht oder nur unzureichend nach, ist die Gemeinde zur Ersatzvornahme verpflichtet, allerdings auf Kosten des Dritten.

Die Gemeinden und Landkreise müssen die Straßen innerhalb geschlossener Ortslage laufend überwachen, um Mängel und sichtbare Veränderungen festzustellen und auf sie unverzüglich reagieren zu können, notfalls zunächst mit Warntafeln oder Absperrungen. Natürlich steht auch die Überwachungspflicht unter der Vorherrschaft des Zumutbaren und der Leistungsfähigkeit der Verpflichteten. Ein Organisationsplan zur Straßenreinigung ist aufzustellen, ansonsten liegt ein Organisationsverschulden vor. Gleiches gilt für die Dokumentation über die durchgeführten Kontrollfahrten und Reparaturarbeiten etc. Wie im Winterdienst hängt auch bei der Sommerreinigung die Häufigkeit der Kontrollfahrten von der Verkehrsbedeutung der Straße ab. Je verkehrswichtiger eine Straße ist, desto häufiger muss kontrolliert werden.

Das Maß der zu erbringenden Reinigungsleistung ist von dem auf der Straße stattfindenden üblichen Verkehr abhängig. Dies bedeutet, dass beispielsweise die Straße nicht den Anforderungen eines Rennradfahrers oder gar Skateboarders entsprechen muss.

Die Gemeinden können, soweit sie landesgesetzlich hierzu ermächtigt sind, zur Aufrechterhaltung der öffentlichen Reinlichkeit Rechtsverordnungen über die Reinhaltung und Reinigung der öffentlichen Straßen erlassen und darin die Eigentümer von Grundstücken, die innerhalb der geschlossenen Ortslage an öffentliche Straßen angrenzen oder über sie erschlossen werden, zu Leistungen auf eigene Kosten verpflichten (z. B. in Art. 51 Abs. 4 Bayerisches Straßen- und Wegegesetz). Die Kommune kann somit den Anliegern vorschreiben, sowohl Gehwege als auch Straßen zu reinigen, im Winter hinsichtlich der Gehwege in der für den Fußgängerverkehr erforderlichen Breite bei Schnee oder Glatteis. Werden diese Pflichten von der Kommune auf den Anlieger abgewälzt, verbleibt bei der Kommune die Überwachungspflicht, ob die Anlieger ihrer Verpflichtung nachkommen.

Ist die Kommune selbst Anliegerin, gelten für sie die gleichen Pflichten wie für die Anlieger; Sonderrechte für Kommunen sind unzulässig.

Der verpflichtete Anlieger hat seiner Reinigungspflicht (und Schneeräumpflicht) nachzukommen, gleichgültig, ob er dazu persönlich in der Lage ist oder nicht. Berufstätigkeit, Ortsabwesenheit, Alter, Krankheit, Armut etc. führen nämlich nicht zur Unzumutbarkeit. Denn Eigentum verpflichtet, Artikel 14 Absatz 2 Satz 1 GG.

Skirollerfahrer können nach einem Beschluss des OLG Braunschweig[55] nicht erwarten, dass der Zustand eines Geh- und Radweges den besonderen Sicherheitsbedürfnissen dieser Sportart Rechung trägt. Gleiches gilt für Inline-Skater.

Straßen und Wege

Die Bau- und Unterhaltungspflichten sind Amtspflichten im Sinne von § 839 BGB i. V. m. Artikel 34 GG. Hinsichtlich der Straßen und Wege haften für deren Verkehrssicherung die Gemeinden und Landkreise, bei Bundesfernstraßen aufgrund von Artikel 90 Absatz 2 GG der Freistaat Bayern.

Allgemein wird zwischen zwei Verkehrssicherungspflichten unterschieden, einmal bezüglich des Straßenzustandes und einmal bezüglich der Überwachung.

Die Verkehrssicherungspflicht bezieht sich nicht bloß auf die Straßen und Wege als solche, sondern auch auf den darüber befindlichen Luftraum und den übrigen Straßenkörper; dazu gehören beispielsweise Bankette, Park- und Sicherheitsstreifen, Gräben, Böschungen, Begrenzungen etc. Diese Bereiche sind während der Tageszeit, in der Verkehr stattfindet, zu sichern, also grundsätzlich während des Berufsverkehrs.

Dies geschieht dadurch, dass der Verkehrssicherungspflichtige in geeigneter und objektiv zumutbarer Weise nach den Verhältnissen im Einzelfall, insbesondere Verkehrsart, Verkehrsaufkommen, die nach der Art der Verkehrsfläche zu erwarten sind, alle, aber auch nur diejenigen Gefahren ausräumen muss, die für den sorgfältigen Benutzer nicht oder nicht rechtzeitig

55 OLG Braunschweig, Beschluss vom 19. 05. 2005 – 3 U 192/04.

erkennbar sind und auf die er sich nicht oder nicht rechtzeitig einzustellen vermag.[56] Diese „Generalklausel“ umschreibt deutlich die Pflichten der beteiligten Kreise, also der Gemeinden und Landkreise einerseits sowie der Straßenbenutzer und Verkehrsteilnehmer andererseits. So wie der Pflichtige für die Verkehrssicherheit zu sorgen hat, muss der Benutzer die Straße so hinnehmen, wie sie sich ihm erkennbar darbietet, und er muss sein Verhalten den gegebenen Straßenverhältnissen anpassen.[57]

Zu der Verkehrssicherungspflicht gehört auch beispielsweise, unkenntliche Zebrastreifen oder unkenntliche oder nicht mehr standsichere Verkehrszeichen zu sichern.

Bilden sich im Asphalt Netzrisse von einer gewissen Breite, so muss der kommunale Straßenbegeher, beispielsweise durch manuelles Anklopfen der betreffenden Stellen prüfen, ob akuter Handlungsbedarf besteht, weil sich Fahrbahnteile lösen und darüber fahrende Autos beschädigen könnten. Notfalls ist unverzüglich ein Warnschild aufzustellen. Denn insoweit handelt es sich um eine Gefahrenstelle die ein sorgfältiger Kraftfahrer nicht rechtzeitig erkennen und auf die er sich nicht rechtzeitig einstellen kann.[58]

Andererseits sind Fußgänger beim Überqueren einer Fahrbahn nicht geschützt, wenn sie in ein Schlagloch treten. Denn die Straße dient dem Autoverkehr, für den ein Schlagloch grundsätzlich kein gefahrträchtiges Hindernis darstellt. Außerdem muss der Fußgänger selber aufpassen, auch wenn er aus einer Gaststätte kommt und wie andere Gäste auch die Straße überquert.[59] Straßenbankette mit einer Kante von 5 – 8 cm sind vom Kraftfahrer hinzunehmen, weil er in einem solchen Fall der Bankettbenutzung seine Geschwindigkeit darauf einrichten muss.[60]

Straßen und Wege die nicht dem öffentlichen Verkehr gewidmet sind, unterfallen nicht den Grundsätzen der Amtspflichtverletzung im Haftungsrecht, sondern dem zivilrechtlichen Deliktsrecht der unerlaubten Handlung. Insoweit haftet die Gemeinde als Grundstückseigentümerin. Bei Trampelpfaden hat der Verkehrsteilnehmer keinen generellen Anspruch auf gefahrlose Teilnahme am Verkehr, weil sich jeder Verkehrsteilnehmer den für ihn erkennbaren Verhältnissen selbst anpassen und sein Verhalten darauf einstellen muss. Denn eine Verkehrssicherungspflicht besteht nur dort, wo eine Gefahrenlage nicht ohne Weiteres erkennbar ist, auf die sich der Verkehrsteilnehmer nicht ohne Weiteres einstellen kann.

Für Bundesstraßen liegt grundsätzlich die Straßenverkehrssicherungspflicht bei den Ländern (Artikel 90 GG). Für Bundesstraßen, die durch Orte führen (Ortsdurchfahrten) gilt Folgendes:

56 BGH, VersR 1979, 1055.
57 BGHZ 108, 273.
58 OLG Düsseldorf, Urteil vom 05. 06. 2002 – 18 U 196/01.
59 OLG Hamm, Urteil vom 22. 05. 2004 – 9 U 2008/03.
60 BGH, Beschluss vom 27. 01. 2005 – III ZR 176/04.

Hat die Gemeinde mehr als 80 000 Einwohner, ist sie Trägerin der Straßenbaulast (§ 5 Absatz 2 Bundesfernstraßengesetz).

Mit mehr als 50 000 aber weniger als 80 000 Einwohnern kann die Gemeinde gegenüber der obersten Straßenbaubehörde verlangen, die Straßenbaulast übertragen zu erhalten (§ 5 Absatz 2a Bundesfernstraßengesetz).

Die übrigen Gemeinden haben bei Ortsdurchfahrten von Bundesstraßen lediglich die Straßenbaulast für Gehwege und Parkplätze (§ 5 Absatz 3 Bundesfernstraßengesetz).

Führt die Ortsdurchfahrt über Straßen und Plätze, die erheblich breiter angelegt sind als die Bundesstraße, so ist von der Straßenbaubehörde im Einvernehmen mit der Gemeinde die seitliche Begrenzung der Ortsdurchfahrt besonders festzulegen (§ 5 Absatz 3a Bundesfernstraßengesetz).

Eine Ortsdurchfahrt ist nach § 5 Absatz 4 Bundesfernstraßengesetz der Teil der Bundesstraße, der innerhalb der geschlossenen Ortslage liegt und auch der Erschließung der anliegenden Grundstücke oder der mehrfachen Verknüpfung des Ortsstraßennetzes dient.

Soweit die Straßenbaulast ganz oder teilweise bei der Gemeinde liegt, hat sie auch die Verkehrssicherungspflicht für die Straße, d. h. sie hat unter anderem den Winterdienst zu erfüllen. Dies ist eine Amtspflicht im Sinne von § 839 BGB i. V. m. Artikel 34 GG mit der Besonderheit, dass sich die Gemeinde nicht exkulpieren kann (§ 839 Absatz 1 Satz 2 BGB). Denn normalerweise würde die Gemeinde bei fahrlässigem Handeln ihrer Bauhofmitarbeiter nur haften, wenn der Geschädigte nicht auf andere Weise Ersatz zu erlangen vermag, z. B. bei einem sonstigen Unfallbeteiligten oder durch Leistungen von Versicherungen oder Sozialversicherungsträgern. Die Rechtsprechung hat hierzu den Grundsatz der haftungsrechtlichen Gleichbehandlung aller Verkehrsteilnehmer aufgestellt, wonach die Haftung nicht davon abhängen kann, wer – zufälligerweise – Unfallgegner ist.[61] Die Kommune haftet also im Rahmen ihrer Straßenbaulast unbeschränkt.

Werden Poller oder andere Gegenstände als Hindernisse für Sperrflächen verwendet, müssen sie so gestaltet sein, dass der Straßenbenutzer auch bei schlechten Sichtverhältnissen darauf aufmerksam wird.[62] Dies kann im Winter zu Problemen führen, wenn diese Hindernisse im Schnee verdeckt sind und der Straßenbenutzer sie nicht als solche erkennt.

Es ist eine Selbstverständlichkeit – wie beim Winterdienst –, dass ein **Straßenkontrollplan** unabdingbar notwendig ist. Die Rechtsprechung verlangt vom Verkehrssicherungspflichtigen, Straßen und Wege regelmäßig in angemessenen Zeitabständen zu beobachten, und zwar anhand eines vorher erstellten Organisationsplanes und eines Kontrollbuches über die durchgeführten Maßnahmen. Kann solches in einem Rechtsstreit dem Gericht nicht

---

61 BGH, NJW 1986, 682.

62 OLG Düsseldorf, VersR 1997, 719.

vorgelegt werden, hat dies haftungsrechtliche Konsequenzen für die Gemeinde oder den Landkreis. Denn dann kann sich aufgrund dieses Organisationsmangels die Beweislast zu Ungunsten der öffentlich-rechtlichen Körperschaft umkehren.

Der Kontrollplan richtet sich im Aufbau je nach Größe und Einwohnerzahl der öffentlich-rechtlichen Körperschaft. Ähnlich dem Räum- und Streuplan im Winterdienst ist das Gemeinde- oder Landkreisgebiet in einzelne Kontrollbezirke einzuteilen, wiederum unterteilt nach dem Grad der Verkehrsbedeutung der Straßen und Wege, und zwar nach einem bestimmten Zeitplan, der die Prioritäten berücksichtigt (Stufenplan).

Die Umsetzung des Straßenkontrollplans in die Praxis erfolgt durch Dienstanweisungen gegenüber den Mitarbeitern des Bauhofes. Hieraus muss hervorgehen, was im Einzelnen zu kontrollieren ist, also z. B. der gesamte Straßenkörper einschließlich Seitenstreifen, Böschungen etc. (siehe auch Straßenbäume).

Das Kontrollbuch sollte länger als drei Jahre aufgehoben werden, weil nach aller Regel die Verjährung erst nach drei Jahren eintritt (siehe auch Dokumentation).

Unterhalt von Verkehrszeichen

Zwar hat die Straßenverkehrsbehörde die öffentlich-rechtliche Pflicht zur Verkehrsregelung, häufig werden aber die Verkehrszeichen und sonstigen Einrichtungen zur Verkehrsregelung vom Bauhof aufgestellt und gewartet, d. h. die Straßenverkehrsbehörde verfügt deren Aufstellung, der Bauhof führt den Auftrag aus. Somit gehört es zur Verkehrssicherungspflicht des Bauhofes, die Verkehrsregelungs- und -sicherungsanlagen richtig aufzustellen, zu warten und zu kontrollieren. Immer dann, wenn dies fehlerhaft und schuldhaft geschieht und dadurch einem Dritten ursächlich ein Schaden zugefügt wird, liegt eine Verletzung der Verkehrssicherungspflicht vor.

So sind z. B. die Verkehrszeichen regelmäßig auf ihre Standfestigkeit, ihre Sichtbarkeit etc. zu überprüfen.

Die Häufigkeit bestimmt sich nach dem vorhandenen Risiko von Schäden einerseits und nach wirtschaftlichen Möglichkeiten des Sicherungspflichtigen andererseits. Bei konkretem Anlass besteht die Pflicht zur außerplanmäßigen Kontrolle. Eine Kontrolle jeden oder jeden zweiten Tag wird nicht geschuldet, weil dies eine Überspannung der Sorgfaltspflichten darstellen würde.[63] Die Verkehrsschilder auf innerstädtischen Nebenstraßen müssen auch im Abstand weniger Monate überprüft werden.[64]

---

63 OLG München, Urteil vom 27. 07. 1995 – 1 U 2747/95.

64 LG Kempten, Urteil vom 16. 04. 1996 – 1 O 184/86.

Versorgungsleitungen

Es kann auch vorkommen, dass von den Mitarbeitern des Bauhofs Grabungsarbeiten durchgeführt werden müssen. Dabei ist vorhandenen Versorgungsleitungen (Gas, Wasser, Strom, Telefon) besondere Aufmerksamkeit zu widmen.

Denn an die Sorgfaltspflichten werden hohe Anforderungen gestellt, sich vor der Durchführung von Erdarbeiten auf öffentlichen Straßen nach der Existenz und dem Verlauf unterirdisch verlegter Versorgungsleitungen zu erkundigen. Um den unverhältnis großen Gefahren, die durch eine Beschädigung von Strom-, Gas-, Wasser- oder Telefonleitungen hervorgerufen werden können, zu begegnen, ist mit äußerster Vorsicht vor allem bei der Verwendung von Baggern und anderem schweren Arbeitsgerät vorzugehen. So muss sich der betreffende Tiefbauunternehmer dort, wo entsprechend zuverlässige Unterlagen vorhanden sind, über den Verlauf von Versorgungsleitungen erkundigen; im Rahmen der allgemeinen technischen Erfahrung hat er sich Unterlagen zu verschaffen, welche die sichere Bewältigung der auszuführenden Arbeiten voraussetzen. Da die Versorgungsleitungen regelmäßig ohne Mitwirkung der kommunalen Bauämter verlegt und unterhalten werden, genügt nicht eine Erkundigung bei diesen; vielmehr besteht im Allgemeinen eine Erkundigungspflicht gegenüber den zuständigen Versorgungsunternehmen. Wenn dies nicht weiterhilft, hat sich der Tiefbauunternehmer die erforderliche Gewissheit durch andere geeignete Maßnahmen zu verschaffen, etwa durch Probebohrungen oder Ausschachten von Hand in dem Bereich, den er ausheben will.[65]

Wochenmarkt

Es haften sowohl der Standinhaber als auch die Gemeinde, die den Wochenmarkt als öffentliche Einrichtung betreibt gegenüber Besuchern, Anliegern und Marktbeschickern samt Personal für Verletzung der Verkehrssicherungspflicht, gegebenenfalls aus Amtspflicht.

Die Haftung der Gemeinde resultiert nicht nur aus der Verkehrseröffnung und -duldung, sondern maßgeblich aus der geschaffenen Gefahrenlage. Die den Wochenmarkt – gegen Gebühren – veranstaltende Gemeinde hat einen einwandfreien Zustand der dem Marktverkehr dienenden Straßen und Wege ebenso zu gewährleisten als dass durch die Auswahl der zugewiesenen Standorte der Verkaufswagen und -buden keine vermeidbaren Gefahren für Dritte entstehen, beispielsweise durch in die Fahrstraße hineinragende Vorbauten eines Verkaufswagens, gegen die ein Kraftfahrzeug stoßen kann.[66]

65 BGH, Urteil vom 09. 11. 1982 – VI ZR 129/81.

66 OLG Jena, Urteil vom 05. 08. 1997 – 3 U 1489/96.

IV.
Spezialprobleme

1. Finanzkrise der Gemeinden und deren Verkehrssicherungspflicht

Knappe Geldmittel berechtigen eine Gemeinde nicht, ihre Verkehrssicherungspflichten zu vernachlässigen. Es ist zwar in der Rechtsprechung anerkannt, dass eine Verkehrssicherung, die jeden Unfall ausschließt, nicht erreichbar ist. Es muss deshalb nicht für alle denkbaren, auch entfernt liegenden Möglichkeiten eines Schadensereignisses Vorsorge getroffen werden. Erforderlich sind vielmehr nur die Maßnahmen, die ein umsichtiger und verständiger, in vernünftigen Grenzen vorsichtiger Mensch für notwendig und ausreichend hält, um Gefahren von Dritten abzuwenden,[67] und zwar im Rahmen des wirtschaftlich Zumutbaren.[68] Dies hat auch der Gesetzgeber so gesehen und beispielsweise für die Straßenbeleuchtung und -reinigung sowie den Winterdienst bestimmt, dass diese Pflicht von den Gemeinden nach ihrer Leistungsfähigkeit zu erfüllen ist (Artikel 51 Absatz 1 Satz 1 BayStrWG). Es darf nun jedoch nicht auf die Leistungsfähigkeit jeder einzelnen Gemeinde abgestellt werden; es ist auch nicht zulässig, sich des Winterdienstes durch das Aufstellen von Tafeln „kein Winterdienst" zu entziehen. Denn die Gemeinde kann nicht die geltende Rechts- und Gesetzeslage mit einem solchen Schild aushebeln.

Es kommt somit nicht allein auf die Leistungsfähigkeit der konkreten Gemeinde an, sondern darauf, „welche organisatorischen Vorkehrungen und welche Sicherungsmaßnahmen von einer Körperschaft dieser Struktur bei Abwägung der Interessen aller potenziell Betroffenen billigerweise und typischerweise erwartet werden müssen".[69] In einem haftungsrechtlichen Ausblick vertritt Rinne folgende Meinung:

> „Das schließt indessen nicht aus, dass der Gesichtspunkt der Leistungsfähigkeit, soweit er der Sicherungspflicht als Leitgedanke zugrunde liegt, künftig neue haftungsrechtliche Perspektiven eröffnen kann. Wenn im Zeitalter der leeren Kassen die öffentliche Hand generell Finanznot leidet, lässt sich die Forderung, dies müsse sich unter dem Gesichtspunkt der Leistungsfähigkeit allgemein auf Inhalt und Umfang der Sicherungspflicht auswirken, nicht von vornherein als abwegig bezeichnen. Gewiss kann die Rechtsprechung in diesem Bereich nicht auf bloße Konjunktur-

---

67 BGH, NJW RR 2003, 1459.

68 BGH, NJW 1978, 1629.

69 Eberhard Rinne, Aus der neueren Rechtsprechung des BGH zur Haftung der öffentlichen Hand bei Verletzung der Räum- und Streupflicht auf öffentlichen Verkehrsflächen, NJW 1996, 3303 (3308).

schwankungen reagieren. Wohl aber könnte eine langfristige finanzielle Überlastung der öffentlichen Hand, deren Ende nicht abzusehen ist, Veranlassung bieten, die der Sicherungspflicht bisher zugrunde gelegte Risikoverteilung neu zu überdenken. Auch insoweit käme aber allenfalls eine generelle, grundsätzlich für alle Sicherungspflichtigen maßgebende Senkung der Anforderungen in Betracht. Auf die Prüfung im konkreten Fall, ob eine Gemeinde die ihr zur Verfügung stehenden Haushaltsmittel zweckmäßig eingesetzt hat (was zugespitzt ausgedrückt auf die Alternative „Neujahrsempfang oder Streupflichterfüllung" hinauslaufen würde), dürfen die Gerichte sich nicht einlassen. In diesem Sinne könnte sich die Rechtsprechung demnächst vor die Frage gestellt sehen, ob eine behutsame, auch den Interessen potenziell Geschädigter Rechnung tragende Haftungsreduzierung in Betracht kommt. Dabei wäre vor allem an Erleichterungen im organisatorischen Bereich zu denken, in dem auch nach Ausschöpfung und fantasievollem Einsatz aller zur Verfügung stehenden Mittel künftig zunehmend Defizite auftreten könnten. Nach meiner persönlichen Einschätzung könnte die Rechtsprechung sich zu gegebener Zeit veranlasst sehen, auf den Druck der angespannten Haushaltslage durch eine vorsichtige und verantwortungsbewusste Senkung der an die Sicherungspflicht der öffentlichen Hand zu stellenden Anforderungen zu reagieren." (Rinne, aaO).

Die Konsequenz, die sich daraus ergibt, ist, dass die Gemeinden sich auf ihre eigentlichen Aufgaben besinnen, die sie erfüllen müssen. Besonders offenkundig wird das Einsparpotenzial im Winterdienst, wo die Gemeinden innerhalb geschlossener Ortslage grundsätzlich nur an verkehrswichtigen und gleichzeitig gefährlichen Stellen verpflichtet sind, zu räumen und zu streuen. Viele Bauhofleitungen werden feststellen, dass sie einen völlig überzogenen Winterdienst leisten (müssen), der haftungsrechtlich nicht erforderlich ist. Es wird nicht verkannt, dass gerade in Gemeinden auch andere Interessen eine Rolle spielen, den Winterdienst aufwändiger zu gestalten und möglichst alle innerörtlichen Straßen zu räumen und zu streuen. Notwendig im Rahmen der Erfüllung der Verkehrssicherungspflicht ist dies jedoch nicht.

2. Streik und Verkehrssicherungspflicht der Gemeinden

Für die Bauhofleitung stellt sich bei einem Arbeitskampf unter anderem die Frage, wie sie z. B. den Winterdienst erfüllen kann. Es gilt der allgemeine Grundsatz, dass das Streikrecht nicht beeinträchtigt werden darf.

Ein Streikrecht der Beamten und aller anderen in einem öffentlich-rechtlichen Dienstverhältnis Stehenden wird ganz überwiegend abgelehnt.

Angestellte und Arbeiter im Öffentlichen Dienst haben ein Streikrecht, weil ihre Arbeitsbedingungen durch Tarifverträge ausgehandelt wurden.

Aus der Verpflichtung der Gemeinwohlbindung aller Arbeitskämpfe wird die Pflicht der kampfführenden Gewerkschaft zu Notstandsarbeiten nahezu einhellig anerkannt.[70] Es ist auch schon die Forderung erhoben worden, im Bereich der Daseinsvorsorge, insbesondere bei lebenswichtigen Versorgungsbetrieben Arbeitskämpfe nicht zuzulassen; diese Forderung wird in der Literatur abgelehnt.

Bei den Notstandsarbeiten ist auf die Rechtsgüterabwägung zwischen dem Arbeitskampfrecht aus Artikel 9 Absatz 3 GG einerseits und den durch den Arbeitskampf beeinträchtigten Rechtsgütern andererseits abzuwägen.

Häufig werden die Fragen der Erhaltungs- und Notstandsarbeiten durch Vereinbarung geregelt, sei es in einem Tarifvertrag, sei es zwischen örtlicher Streikleitung und dem bestreikten Arbeitgeber, aber auch unter Beteiligung des Personalrats. Für solche Notdienstvereinbarungen gilt die allgemeine Vertragsfreiheit. Diese Vereinbarungen regeln normalerweise nur die Beziehungen zwischen den Vertragsparteien selbst, auch was die Anzahl und die Auswahl der zu beschäftigenden Arbeitnehmer angeht. Soweit ein Tarifvertrag keine abschließende Regelung enthält, bedarf es dann noch der Umsetzung dieser Notdienstvereinbarung in die einzelnen Arbeitsverhältnisse. Maßgebend sind dann die normalen vertraglichen Arbeitspflichten der Arbeitnehmer, die unabhängig von dem Streikaufruf der Gewerkschaft bestanden. Die Regelung der Erhaltungs- und Notstandsarbeiten in einer Notdienstvereinbarung ist praktisch eine Einschränkung des Streikaufrufs mit der Folge, dass ein Streikrecht insoweit nicht besteht. Die betroffenen Arbeitnehmer sind somit zur Arbeitsleistung arbeitsvertraglich verpflichtet.

Grundsätzlich sind die kampfführenden Parteien verpflichtet, eine Einigung über Art, Umfang und Form der Erhaltungsarbeiten zu versuchen, notfalls mit Hilfe eines Schlichtungsverfahrens. Gelingt das nicht und müssen im Interesse der Erbringung von eilbedürftigen Arbeiten schnelle Entscheidungen getroffen werden, stellt sich die Frage nach einer Notkompetenz. Sie ist gerichtlich noch nicht entschieden.

Voraussetzungen und Umfang der Notkompetenz sind Rechtsfragen, die im gerichtlichen Eilverfahren überprüft werden können. Personalentschei-

70 BAG 31. 01. 1995, AP GG Artikel 9 Arbeitskampf Nr. 135.

dungen unterliegen dem Gleichbehandlungsgrundsatz und der Bindung an das billige Ermessen nach § 315 BGB. Zu diesem billigen Ermessen gehört es z. B., dass der Arbeitgeber zunächst Arbeitswillige zu Erhaltungsarbeiten einsetzt, zu Neueinstellungen ist der Arbeitgeber nicht verpflichtet. Auch eine Beschränkung auf gewerkschaftlich nicht organisierte Arbeitnehmer ist unzulässig. Dies würde sowohl gegen die Koalitionsfreiheit als auch gegen den Gleichbehandlungsgrundsatz verstoßen. Daher ist ebenso eine gezielte Bevorzugung von Gewerkschaftsmitgliedern unzulässig.

Besteht Einigkeit darüber, dass während des Arbeitskampfes die sogenannten Erhaltungsarbeiten (Notarbeiten, Notstandsarbeiten und Notdienst) ausgeführt werden müssen, ist es doch heftig umstritten, um welche Arbeiten es sich hierbei handelt. Die Rechtsprechung bejaht die Verpflichtung bei Arbeiten zum Schutz des Betriebes und zur Abwehr von Gemeingefahren, die vom Betrieb ausgehen, Maßnahmen zur Erhaltung der Betriebsanlagen, um eine Wiederaufnahme der Arbeit sicherzustellen, notwendige Erhaltungsarbeiten zur Sicherung empfindlicher Rohstoffe und Fertigwaren und zur Abwehr unverhältnismäßiger Schäden.

Soweit ersichtlich, fehlt eine richterliche Entscheidung zur Erfüllung der Verkehrssicherungspflicht während eines Arbeitskampfes. Dabei dürfte aber eine Rolle spielen, in welchem Umfang die Gemeinde Dienste Dritter heranzuziehen vermag oder anders ausgedrückt, wie weit die Gemeinde ihrer Organisationspflicht nachgekommen ist. Dabei kann wohl nicht verlangt werden, dass die Gemeinde auch für den Fall eines Arbeitskampfes umfassende Vorsorge zur Erfüllung etwa des Winterdienstes trifft.

3. Kommunale Fahrzeuge

Halter eines Fahrzeugs ist, wer tatsächlich, vornehmlich wirtschaftlich über die Benutzung des Fahrzeugs verfügen kann. Der Fahrzeugbenutzer übt die Verfügungsgewalt über das Fahrzeug aus, indem er Anlass, Ziel und Zeit seiner Fahrten bestimmt. Halter kommunaler Fahrzeuge ist daher die Gemeinde oder der Landkreis, aber gegebenenfalls zusätzlich auch die Bauhof- oder Fuhrparkleitung.

Nach § 31 Absatz 2 StVZO darf der Halter die Nutzung eines Fahrzeugs nicht anordnen oder zulassen, wenn ihm bekannt ist oder bekannt sein muss, dass entweder der Führer nicht geeignet oder das Fahrzeug nicht verkehrssicher ist. Dabei erstreckt sich die Verkehrssicherungspflicht nicht nur auf das Fahrzeug selbst, sondern auch auf das Gespann, die Ladung oder die Besetzung.

Die Bauhofleitung ist für die Fahrzeuge und deren Zustand verantwortlich; notfalls muss sie sich eines sorgfältig ausgewählten sachkundigen Mitarbeiters bedienen, den sie dann überwachen muss.

Ebenso entlastet wird die Bauhofleitung, wenn sie eine fachkundige Werkstatt mit der Wartung gemäß Herstellerplan und mit der Reparatur der Fahrzeuge beauftragt; Fahrzeuguntersuchungen allein nach § 29 Straßenverkehrs-Zulassungs-Ordnung (TÜV-Untersuchungen) genügen nicht.

Bei Einstellung eines Fahrers muss die Bauhofleitung dessen Fahrerlaubnis prüfen und auch später in angemessener Weise diese planmäßig überwachen. Gleiches gilt für die Überwachung, ob die Fahrer die Lenk- und Ruhezeiten einhalten.

In den §§ 7 und 8 StVG ist die Halterhaftung gesetzlich normiert.

§ 7 Absatz 1 StVG lautet:
„Wird bei dem Betrieb eines Kraftfahrzeuges oder eines Anhängers, der dazu bestimmt ist, von einem Kraftfahrzeug mitgeführt zu werden, ein Mensch getötet, der Körper oder die Gesundheit eines Menschen verletzt oder eine Sache beschädigt, so ist der Halter verpflichtet, dem Verletzten den daraus entstehenden Schaden zu ersetzen."

Nach § 7 Absatz 2 StVG ist die Ersatzpflicht jedoch ausgeschlossen, wenn der Unfall durch höhere Gewalt verursacht wird. Höhere Gewalt ist ein betriebsfremdes Ereignis, entweder von außen durch elementare Naturkräfte oder durch Handlungen Dritter auf das Fahrzeug verursacht. Dabei gelten hier wieder die Grundsätze der Gefährdungshaftung, die auf dem Gedanken sozialer Verantwortung für eigene Wagnisse beruhen. Sinn dieser Gefährdungshaftung ist nicht einen Ausgleich für Verhaltensunrecht (Verschulden) zu schaffen, sondern eine Einstandspflicht für Schäden aus den durch den zulässigen Betrieb eines Kraftfahrzeugs entstehenden Gefahren. Dabei ist der Betriebsbegriff weit zu fassen, wenn er nur durch die dem Kraftfahrzeug typisch innewohnende Gefährlichkeit adäquat verursacht worden ist und sich die vom Fahrzeug ausgehenden Gefahren bei seiner Entstehung ausgewirkt haben. Der Betriebsbegriff gilt somit für alle Kraftfahrzeuge, die sich im öffentlichen Verkehrsbereich bewegen oder in verkehrsbeeinflussender Weise ruhen. Der Betrieb des Fahrzeugs beginnt mit dem Anlassen des Motors und endet mit dem Stillstand des Motors außerhalb des öffentlichen Verkehrsbereiches. Somit gehört auch das Beladen eines Kraftfahrzeugs zum Betrieb des Kraftfahrzeugs. Beim Streufahrzeug haftet die Gemeinde auch für Schäden durch umherfliegendes Streumaterial, jedenfalls bei unmittelbar gegen Fahrzeuge geschleudertem Streugut (siehe Winterdienst). Parkende Kraftfahrzeuge sind in Betrieb, solange sie den Verkehr irgendwie beeinflussen können.

Benutzt jemand ohne Wissen und Willen des Halters ein Kraftfahrzeug (Schwarzfahrt), dann haftet anstelle des Halters der unbefugte Benutzer alleine. Allerdings kann auch der Halter zur Haftung dann herangezogen werden, wenn er die Benutzung des Kraftfahrzeugs zur Schwarzfahrt schuldhaft ermöglicht hat. Dies ist beispielsweise dann der Fall, wenn er das Fahrzeug mit Schlüsseln und Papieren einem anderen überlässt, ohne irgendwelche Vorkehrungen gegen Missbrauch zu treffen. Besonders wichtig ist daher, dass sich die Bauhofleitung stets darum kümmert, ob ihre Mitarbeiter, die kommunale Kraftfahrzeuge zu führen haben, im Besitz einer gültigen Fahrerlaubnis sind.

Um nicht der Halterhaftung bei unbefugten Schwarzfahrten zu unterliegen, müssen auch die Fahrzeuge gesichert werden, wenn sie nicht in Betrieb sind. Es dürfen daher im Fahrzeug weder Fahrzeugschlüssel noch Fahrzeugpapiere aufbewahrt werden, die Dritten zugänglich sein könnten.

4. Lenk- und Ruhezeiten

Im Rahmen ihrer möglichen Haltereigenschaft hat die Bauhofleitung ihren Mitarbeitern gegenüber die Pflicht, die gesetzlichen Arbeitsschutzbestimmungen zu überwachen.

Die neue Lenk- und Ruhezeitverordnung (EG) Nummer 561/2006 ist seit 11. 04. 2007 in Kraft, sodass die Verordnung (EWG) Nummer 3820, 85 aufgehoben ist. In Artikel 13 Absatz 1a und h werden die Mitgliedstaaten ermächtigt, Abweichungen zu dieser Verordnung zuzulassen, unter anderem für Fahrzeuge, die Eigentum von Behörden sind oder von diesen ohne Fahrer angemietet sind, um Beförderungen im Straßeverkehr durchzuführen, die nicht im Wettbewerb mit privatwirtschaftlichen Verkehrsunternehmen stehen oder die von den zuständigen Stellen für Kanalisation, Hochwasserschutz, Wasser-, Gas- und Elektrizitätsversorgung, von den Straßenbauämtern, eingesetzt werden. Die Bundesrepublik Deutschland hat hiervon in § 2 Fahrpersonalgesetz in Verbindung mit §§ 1 und 18 Fahrpersonalverordnung Gebrauch gemacht. Für das kommunale Personal gelten somit keine Lenk- und Ruhezeiten nach der Fahrpersonalverordnung, sondern es ist das Arbeitszeitgesetz einschlägig, das die Europäische Fahrpersonalrichtlinie berücksichtigt. Hier ist § 19 Arbeitszeitgesetz zu beachten, wonach bei der Wahrnehmung hoheitlicher Aufgaben im öffentlichen Dienst, soweit dort keine tarifvertragliche Regelung besteht, durch die zuständige Dienstbehörde die für Beamte geltenden Bestimmungen über die Arbeitszeit auf die Arbeitnehmer übertragen werden können, mit der Folge, dass die §§ 3 – 13 des Arbeitszeitgesetztes dann keine Anwendung mehr finden.

Ansonsten ist Arbeitszeit die Zeitspanne zwischen Arbeitsbeginn und Arbeitsende, während der die Beschäftigten an ihrem Arbeitsplatz sind, dem Arbeitgeber zur Verfügung stehen und ihre Funktion oder Tätigkeit ausüben, d. h. die Zeit sämtlicher Tätigkeiten im Straßenverkehr, jedoch ohne die Ruhepausen und -zeiten. Zur Arbeitszeit gehören neben den Lenkzeiten auch das Be- und Entladen, die Fahrzeugpflege sowie alle anderen administrativen Tätigkeiten. Wenn also die Mitarbeiter nicht frei über ihre Zeit verfügen können, ist gegebenenfalls Arbeitszeit oder Bereitschaftszeit anzunehmen.

Die maximale Arbeitszeit des Fahrpersonals „Beschäftigung im Straßentransport" darf im Wochendurchschnitt (Zeitraum von Montag 0.00 Uhr bis Sonntag 24.00 Uhr) 48 Stunden nicht überschreiten. Sie kann allerdings in der Woche bis auf 60 Stunden ausgedehnt werden, wenn innerhalb von vier Kalendermonaten oder 16 Wochen im Durchschnitt 48 Stunden wöchentlich nicht überschritten werden.

Als Bereitschaftszeit, die nach § 21a Absatz 3 Arbeitszeitgesetz keine Arbeitszeit ist, gelten folgende Zeiten:

- Die Zeit, während derer sich ein Arbeitnehmer am Arbeitsplatz bereithalten muss, um seine Tätigkeit aufzunehmen,
- die Zeit, während derer sich ein Arbeitnehmer am Arbeitsplatz bereithalten muss, um seine Tätigkeit auf Anweisung aufnehmen zu können, ohne sich an seinem Arbeitsplatz aufhalten zu müssen und
- für Arbeitnehmer, die sich bei Fahren abwechseln, die während der Fahrt neben dem Fahrer oder in einer Schlafkabine verbrachte Zeit.

Voraussetzung für die ersten beiden Bereitschaftszeiten ist jedoch, dass der Zeitraum und dessen voraussichtliche Dauer dem Fahrer im Voraus, spätestens unmittelbar vor Beginn des betreffenden Zeitraumes bekannt ist. Insoweit sind Bereitschaftszeiten keine Arbeitszeiten, aber auch nicht Ruhepausen oder Ruhezeiten.

5. Sonderrechte nach StVO

Für Kommunalfahrzeuge ist in § 35 Absatz 6 StVO eine sogenannte beschränkte Verkehrsregelbefreiung normiert; sie lautet:

„Fahrzeuge, die dem Bau, der Unterhaltung oder Reinigung der Straßen und Anlagen im Straßenraum oder der Müllabfuhr dienen und durch weiß-rot-weiße Warneinrichtungen gekennzeichnet sind, dürfen auf allen Straßen und Straßenteilen und auf jeder Straßenseite in jeder Richtung zu allen Zeiten fahren und halten, soweit ihr Einsatz dies erfordert, zur Reinigung der Gehwege jedoch nur, wenn das zulässige Gesamtgewicht bis zu 2,8 t beträgt. Dasselbe gilt auch für Fahrzeuge zur Reinigung der Gehwege, deren zulässiges Gesamtgewicht 3,5 t nicht übersteigt und deren Reifeninnendruck nicht mehr als 3 bar beträgt. Dabei ist sicherzustellen, dass keine Beschädigung der Gehwege und der darunterliegenden Versorgungsleitungen erfolgen kann. Personen, die hierbei eingesetzt sind oder Straßen oder in deren Raum befindliche Anlagen zu beaufsichtigen haben, müssen bei ihrer Arbeit außerhalb von Gehwegen und Absperrungen auffällige Warnkleidung tragen."

§ 35 Abs. 8 StVO hat folgenden Inhalt:
„Die Sonderrechte dürfen nur unter gebührender Berücksichtigung der öffentlichen Sicherheit und Ordnung ausgeübt werden".

Diese Regelung gilt auch für Fahrzeuge des Straßenwinterdienstes, die zum Schneeräumen, Streuen usw. eingesetzt sind.

Im Übrigen sind diese Sonderrechtsfahrzeuge an die sonstigen Verkehrsvorschriften gebunden. Streu- oder Kehrfahrzeuge müssen beispielsweise bei rot halten, da sie bei grün ohne Weiteres ihren Auftrag fortsetzen können, ihr Einsatz erfordert also nicht die Nichtbeachtung der Lichtsignalanlage. Ein bei grün begonnener Arbeitsvorgang im Kreuzungsbereich darf allerdings beendet werden, auch wenn inzwischen die Lichtsignalanlage wieder umgeschaltet hat.

Zu den Anlagen im Straßenraum zählen auch Abwasser- und Versorgungsleitungen.

Die Fahrer und Beifahrer und sonstigen Mitarbeiter in diesem Bereich müssen stets auffällige Warnkleidung tragen.

Aus § 35 Absatz 8 StVO leiten sich für den Sonderrechtsfahrer Sorgfaltspflichten ab. Der Vorfahrtsberechtigte behält sein Vorfahrtsrecht; es wird lediglich zugunsten des Sonderrechtsfahrers beschränkt. Dieser hat sein Sonderrecht für andere Verkehrsteilnehmer deutlich und rechtzeitig anzukündigen.

Verstöße gegen § 35 Absatz 6 und 8 StVO stellen Ordnungswidrigkeiten dar, die Einhaltung dieser Vorschriften ist Amtspflicht.

Die Bauhofleitung ist dafür verantwortlich, dass ihre Mitarbeiter die Bestimmungen über die Sonderrechte für Kraftfahrzeuge kennen und beachten.

6. Unfallverhütungsvorschriften

Die Bauhofleitung ist gegenüber ihren Mitarbeitern verantwortlich für die Einhaltung der Unfallverhütungsvorschriften; insoweit gilt sie im Rahmen des Arbeitssicherheitsrechtes als Unternehmer. Sie ist verpflichtet, die persönliche Schutzausrüstung für ihre Mitarbeiter bereitzustellen und sie in den Unfallverhütungsvorschriften zu unterweisen. Dazu gehört selbstverständlich auch die Einweisung in neue Arbeitsmaschinen oder -techniken. Außerdem muss die Bauhofleitung die Einhaltung der Unfallverhütungsvorschriften überwachen und dies auch in geeigneter Weise dokumentieren.

Handelt die Bauhofleitung pflichtwidrig, macht sie sich eventuell schadensersatzpflichtig; auch droht ihr ein Strafverfahren beispielsweise wegen fahrlässiger Körperverletzung.

7. Gültigkeitsdauer kommunaler Winterdienstverordnungen in Bayern

Nach Artikel 51 Absatz 4 und 5 BayStrWG kann die Räum- und Streupflicht von der Kommune auf die Anlieger übertragen werden, und zwar im Rahmen einer Rechtsverordnung. Sofern die Kommune eine bewehrte Rechtsverordnung erlässt, darf diese nicht länger als 20 Jahre gelten. Ist in der Rechtsverordnung keine oder aber eine längere Geltungsdauer festgesetzt, so gilt sie 20 Jahre und tritt dann außer Kraft, Artikel 50 Absatz 2 Landesstraf- und Verordnungsgesetz.

Nach Ablauf von 20 Jahren entfällt die Übertragung der Räum- und Streupflicht auf die Anlieger, und die Kommune ist wieder selbst verpflichtet, zu räumen und zu streuen. Tut sie das nicht, ist sie für einen eventuellen Glatteisunfall eines Fußgängers haftbar; der Anlieger haftet nicht mehr.

8. Rückgriff gegen die Bauhofleitung

Wie bereits eingangs zur Verkehrssicherungspflicht ausgeführt, schützt das Haftungsprivileg des Artikel 34 Satz 1 GG die Bauhofleitung nur vor einer Inanspruchnahme im Außenverhältnis. Der geschädigte Bürger kann also bei schuldhafter Amtspflichtverletzung die Bauhofleitung nicht unmittelbar in Anspruch nehmen, sondern er muss seinen Schaden bei der Anstellungskörperschaft (Gemeinde, Landreis) geltend machen. Die Anstellungskörperschaft muss daher den von der Bauhofleitung zu verantwortenden Schaden in jedem Falle dem Bürger ersetzen, so sein Anspruch begründet ist.

Im Innenverhältnis jedoch kann die Gemeinde oder der Landkreis von den Verantwortlichen der Bauhofleitung den Schaden ersetzt verlangen, den sie dem Bürger ersetzen musste. Allerdings besteht eine wichtige Einschränkung in Artikel 34 Satz 2 GG. Danach darf die Anstellungskörperschaft nur dann Rückgriff nehmen, wenn die Amtspflichtverletzung grob fahrlässig oder gar vorsätzlich begangen wurde. Einfache Fahrlässigkeit genügt nicht.

Grobe Fahrlässigkeit liegt vor, wenn die verkehrserforderliche Sorgfalt in besonders schwerem Maße verletzt wird, schon einfachste, ganz nahe liegende Überlegungen nicht angestellt werden und nicht beachtet wird, was im gegebenen Fall jedem einleuchten musste.[71]

Allerdings besteht für die Anstellungskörperschaft keine generelle Rechtspflicht, vom Rückgriffsrecht Gebrauch zu machen. Dies bleibt ihr überlassen und wird auf den Einzelfall ankommen. Zu beachten ist jedoch, dass in einigen Gesetzen diese Innenhaftung geregelt ist, z. B. in Artikel 85 Absatz 1 Bayerisches Beamtengesetz; auch gibt es in den Tarifverträgen entsprechende Normen.

71 Palandt, BGB, 67. Auflage, § 77 RdNr. 4.

9. Dokumentation

Die Bauhofleitung ist gut beraten, die von ihr zu erledigenden Aufgaben zu dokumentieren. Dies ist beispielsweise im Winterdienst durch die Führung von Räum- und Streuberichten Standard. Aber schon bei den Baumkontrollen sind in der Praxis häufig Nachlässigkeiten festzustellen; mit einer digitalen Bestandsaufnahme der gemeindlichen Bäume ist eine gute Kontrollmöglichkeit verbunden.

Beim Anspruchsdenken unserer Gesellschaft und den daraus resultierenden gerichtlichen Auseinandersetzungen ist es daher für die Bauhofleitung unumgänglich, ausreichendes Beweismaterial für eventuelle Rechtsstreitigkeiten vor Gericht zu sichern. Denn es ist zu bedenken, dass die regelmäßige Verjährungsfrist für Ansprüche drei Jahre beträgt (§ 195 BGB), wobei die Frist mit dem Schluss des Jahres beginnt, in dem der Anspruch entstanden ist und der Verletzte von den anspruchsbegründenden Umständen und der Person des Schuldners Kenntnis erlangt hat (§ 199 Absatz 1 BGB). Geschah also im Februar eines Jahres ein Glatteisunfall, begann die Verjährung erst am 31. 12. diesen Jahres zu laufen und endete am 31. 12. des dritten nachfolgenden Jahres (Beispiel: Unfall: 06. 02. 2013, Verjährungsbeginn: 31. 12. 2013, Verjährungsende: 31. 12. 2016).

Es ist einsichtig, dass nach Ablauf von mehren Jahren das Erinnerungsvermögen der Beteiligten schwächer geworden ist, sodass eine ordentliche schriftliche Dokumentation in einem gerichtlichen Rechtsstreit gute Dienste leisten kann.

V. Hinweis zu Muster für Dienstanweisungen und Kontrollblätter

Muster für Dienstanweisungen und Kontrollblätter können bei der Bundesarbeitsgemeinschaft Deutscher Kommunalversicherer (BADK), Aachener Straße 952 – 958, 50933 Köln bzw. http://www.badk.de angefordert werden.

Es sind beispielsweise Muster vorhanden für
- eine Dienstanweisung zur Kontrolle der Straßen, Wege und Plätze,
- ein Kontrollblatt zur Straßenüberwachung,
- einen Räum- und Streuplan,
- einen Einsatzplan zum Räum- und Streuplan,
- ein Streubuch,
- eine Dienstanweisung zur Baumkontrolle,
- eine Dienstanweisung zur Kontrolle der Verkehrssicherung auf städtischen/gemeindlichen Kinderspiel- und Bolzplätzen,
- eine Dienstanweisung zur Pflege und Kontrolle von naturnahen Spielräumen,
- eine Dienstanweisung für die Unterhaltung und Überwachung städtischer/gemeindlicher Sportplätze und Kleinspielfelder,
- eine Dienstanweisung für die Mitarbeiter städtischer/gemeindlicher Bäder,
- eine Dienstanweisung zur Verkehrssicherheit auf kommunalen Friedhöfen,
- eine Dienstanweisung zur Überwachung und zum Betrieb der städtischen/gemeindlichen Kanalisation,
- ein Kontrollblatt zur Kanalüberwachung,

Es gehört zur Dienstpflicht der Bauhofleitung, sich mit dieser Materie auseinanderzusetzen. Die Muster erleichtern ihre Arbeit erheblich und verringern auch das Haftungspotenzial.

Stichwortverzeichnis

Die Zahlen beziehen sich auf die Seitenzahlen.